10分钟马哲课
趣读马克思
③

资本『变形记』

夏 莹◎著

人民出版社

责任编辑：曹　歌
封面设计：肖　辉　王欢欢
版式设计：严淑芬
责任校对：东　昌

图书在版编目（CIP）数据

资本"变形记" / 夏莹著. -- 北京 ： 人民出版社，
2025. 9. -- ISBN 978 - 7 - 01 - 026847 - 7

I . A811.64

中国国家版本馆 CIP 数据核字第 2024NW4953 号

资本"变形记"

ZIBEN BIANXINGJI

夏　莹　著

人民出版社 出版发行

（100706　北京市东城区隆福寺街 99 号）

北京新华印刷有限公司印刷　新华书店经销

2025 年 9 月第 1 版　2025 年 9 月北京第 1 次印刷

开本：880 毫米 × 1230 毫米 1/32　印张：8.25

字数：143 千字

ISBN 978 - 7 - 01 - 026847 - 7　定价：78.00 元

邮购地址 100706　北京市东城区隆福寺街 99 号

人民东方图书销售中心　电话（010）65250042　65289539

目录

未完成的艺术整体

　　本书作为我的"趣读马克思系列"的第三部，也是最后一部，所讲述的是 19 世纪 50 年代以降，马克思有关"资本"问题的不懈求索。这一求索的过程之于马克思，正如今天被技术革新的神话一次次刷新的加速主义时代一样，每一个技术发展的新篇章，既是阶段性的完成，又是未完待续的新的开始。

　　2025 年春节，中国科技公司以低成本、高性能的 DeepSeek 征服世界。如果跳出国别之间技术竞争的视域，这一事件的发生给了我们一个新的契机去思考一个迭代版的"李约瑟难题"：如果说，李约瑟曾诧异对人类科技发展做出如此重大贡献的中国古代，为什么没能在近代出现影响世界的科学与工业革命，那么面对今天中国对于世界科技发展的迅猛追赶，李约瑟的深度困惑可以改为如下表述——为什么在当代技术始终处于应用端的中国科技，却在短期内突然完成了对当代科技实质性的追赶？

对于"李约瑟难题"的回答，曾有多个不同的视域，或聚焦于中西方之间的文化差异，或聚焦于科学与技术之间的本质性差异，但似乎都没能得出一个可以被共同接受的回答。然而时至今日，随着当下技术迭代方式的结构性变化，对旧有问题的回答变成了对旧有问题的消解。DeepSeek 所代表的核心竞争力的迸发，其关键显然已经不再是中西之争，而成为了古今之辨：换言之，这一最新技术的迭代方式是否在某种意义上带来一种新的技术革新的结构性模式的转变？

我一直坚信，如果马克思穿越到今天，一定也会对如DeepSeek 之类的新技术极度关注。因为在马克思有关资本问题的研究与批判中，技术问题从来不是一个可有可无的主题，而是其讨论资本问题的基石之一。

于是，伴随着人工智能在现时代的火爆，学术界也重新燃起了对所谓马克思的"机器章片段"的井喷式研究。这一片段位于《1857—1858 年经济学手稿》中一个被冠名为"固定资本和社会生产的发展"的章节。只是因为在这一章节中，马克思面对着当时刚刚诞生的高科技——大机器生产，提出了一系列诸如"自动的机器体系"、"机器器官和智能器官"等概念，它们在某种意义上映射了出现代技术对于人的现实生活的结构性转变。马克思的思想再一次显现出了一种穿透时代的理论力量。

当然，我并不想神话马克思，仿佛他在 19 世纪就已经提出了某种可以思考当下时代的理论体系，人只能完成其所生活的时代赋予他的任务，马克思的唯物史观这样教导我们。但马克思对于机器体系的讨论又的确以某种方式触及我们对于技术问题的思考。因为正是马克思，第一次向人们指出了这样一个事实：以大机器生产为代表的高科技并不是传统技术（诸如手工劳动工具）一次量性的延展，而是质性的变革，它将根本上改变人与技术之间的共存关系，并最终改变人的生存样态。

正如今天以 DeepSeek 为代表的新科技的发展，它与传统技术（如通用人工智能发展之前的网络技术模式）之间的差异也绝非是算力的强弱，而是一种新的技术运行逻辑的变革：在这一变革中，以数据"投喂"为主导的应用对于一种新技术的迭代甚至结构性变革，较之于诸如芯片等基础核心技术而言似乎具有更为重要的意义。对于这一技术革新的结构性变化的质性理解和认知，其实是我们可以从马克思的理论之中直接学习到的理论要点。

随之而来的问题是，马克思为何能够慧眼如炬？根本原因在于马克思对于技术的理解从来不仅仅局限于技术自身，他所敞开的是一种完全不同于西方哲人的技术批判路径——借助于资本逻辑来审视技术。马克思在《资本论》及其手稿中不断以各种方式证明了如下事实：现代技术逻辑得以诞生与发展的全部秘密都不仅仅在于技术的自主进步，而是作为幕后推手的资本逻辑的运行使然。于是对马克思的资本批判的关注和理解，注定成为理解今天这个被技术迭代所不断推进的加速主义时代的一部秘籍。

在某种意义上说，对资本问题的关注，近乎贯穿了马克思的一生。它最早萌发于马克思在 19 世纪 30 年代做记者的时候对于物质利益的发现，自此，对于政治经济学的研究及其批判就在马克思的心里种下了一颗种子——这棵种子，伴随着马克思对 19 世纪落后德国该去向何方的追问破土而出，并在马克思亲历、反思 1848—1850 年欧洲革命的过程中开枝散叶，蔓延生长。只是不同于当时所有古典政治经济学们，马克思并不是以非批判的、肯定性的眼光来审视已然成为社会基底的经济结构；相反，他以一个激进社会革命者的视角去尝试发现在看似客观、科学的经济学研究中所隐藏的"权力"机制：即在客观的经济结构中存在的剥削与压迫。为了准确地表达其中的剥削与压迫的根源所在，马克思将他自 19 世纪 40 年代以来逐步形成的对政治经济学批判取名为"资本论"。

1866 年 11 月 10 日马克思给恩格斯的一封信中这样说："手稿的第一部分终将在下星期就要寄给迈斯纳了。"[①] 而这部被称之为"手稿的第一部分"的著作就是后来马克思有关政治经济学研究当中最富有影响力的成果之一——《资本论》的第一卷。

当恩格斯得知马克思手稿的第一部分已经寄出的消息，他的欣喜和祝贺同时被掩盖在对马克思的健康状况的担忧当中。

① 《马克思恩格斯全集》第 31 卷，人民出版社 1972 年版，第 265 页。

恩格斯这样说：

> 得知手稿将发出的消息，我真象心上的一块石头落了地一样。现在终于到了如刑法典所说的'开始实行'的时候。因此我要特别为你的健康干一杯。你的灾难在很大程度上是由这本书造成的；你一旦摆脱了它，就又会成为完全另外的一个人了。①

这一研究工作究竟繁重到何种地步，以至于会让马克思因此而变成另外一个人？现在我想首先通过一组与手稿相关的数据来让大家来感受一下：

让我们仅从 1850 年开始算起。马克思转道伦敦之后，曾经留下两部经济学研究笔记，一部是撰写于 1850—1853 年的"伦敦笔记"，一部是写作于 1857 到 1858 年的"危机笔记"，它们还只能算作马克思自青年时代就开始的诸多经济学研究笔记之一，在目前逐渐编撰完成的马克思恩格斯历史考证版的全集当中还并不能算作是《资本论》及其准备著作，而被归入到

① 《马克思恩格斯全集》第 31 卷，人民出版社 1972 年版，第 266 页。

后面这一类的相关手稿。目前统计下来，共有 15 卷 19 册。其中包括了 1857—1858 年，1861—1863 和 1863—1865 年政治经济学批判手稿，一般也被学界称之为《资本论》准备过程中的三大手稿，同时还要提及的是 1867—1882 年间为《资本论》二、三卷撰写的手稿，以及马克思为《资本论》第一卷第一版所撰写的修订本、修订稿，这里同时还包括马克思亲自校订的法文译本。有些研究者还做了更为细致的区分，比如将马克思逝世后，恩格斯整理的马克思《资本论》的第一卷，恩格斯编辑的第二、三卷以及恩格斯的编辑稿等等都算作是马克思《资本论》研究的重要参考资料。而据不完全统计，为了完成以上这些手稿，马克思至少阅读和摘抄了 1500 多部书籍。

这样算下来，我们用"浩如烟海"来形容马克思的《资本论》以及其相关手稿，真的是一点都不夸张。在即将出版的《马克思恩格斯全集》中文第二版当中，有关"资本论及其手稿"将涵盖从 30 卷到 46 卷之间的所有内容。目前已经陆续出版的相关卷册中，每一卷都在六七百页。可以想见的是，仅将这些著作排列起来，就足以蔚为壮观了。

《资本论》德文版第一版仅印刷了 1000 册。恩格斯曾经为马克思提出各种建议，试图让这部厚重的学术著作有真正可观的销量。比如凝练标题、细分章节，并在要说明的问题结尾处再给出一些总结性的文字。然而最初的现实似乎并不尽如人意。原因并非全然由于《资本论》第一版的学术味太浓了，而是那些真正读懂了马克思《资本论》的资产阶级经济学家们同样感到了这部著作内在的思想力量。所以他们对待这部著作都极为小心翼翼，不到万不得已，他们都对它绝口不提。这种"沉默的阴谋"在马克思出版他的《政治经济学批判。第一分册》的时候就已经遭遇到了。但一种真正富有现实力量的思想在一个急剧变革中的时代却无法被遮蔽。在一次次频繁爆发的经济危机过程中，一部以危机理论为主旨的学术专著注定会走出纯粹思想的世界，在坚实的大地上找到理解其力量的人们。尽管《资本论》第一册德文版的 1000 册用了四年才卖完，但随后出版的俄文版的 3000 册却是在一年内就销售一空了。

时至今日，马克思的《资本论》及其手稿的发行量近乎成为了一个资本主义社会发展的试金石。它的销量总是在资本主义经济危机到来之际出现大幅度的提升。英国路透社曾经在 2008 年的时候援引德国一家出版社的话："《资本论》2008 年的销量是 2007 年销量的三倍，是 1990 年销量的 100 倍，甚至连银行家和基金经理都开始读《资本论》。"就在 2008 年左右德国还出版了一本热销的有关马克思的漫画，题目就叫作"嗨·我回来了"。更有意思的是，2015 年在威尼斯双年展当中，由于该年的主题是"全世界的未来"，在六个半月的展期内，策展人邀请了艺术家到场朗读三卷《资本论》，并策划了一系列与《资本论》有关的活动。据策展人说："我把马克思带来双年展，因为他正在对今天的我们说话。"①

　　这也是我对于马克思的《资本论》及其手稿的一个基本看法。马克思的思想在今天被人们提起的方式并不与柏拉图、亚里士多德等等哲学家们相同：对于后者而言，即便是对那些言必称古希腊的人们来说，他们的哲学也仅仅是作为理解当下西方哲学思想之源头的意义而被我们关注和研究。而马克思则不同，他是我们时代的同行者，他看到的世界在某种意义上是我们所生活的这个世界的童年时代——只是这个被资本统治的世界在当时虽然是刚刚出生的"孩子"，却已经如"闹海的哪吒"，显现出了巨大的破坏力。马克思有着惊人的洞察力，早早就发

---

① 万毓泽:《资本论完全使用手册》，联经出版社事业股份有限公司，2018
　　年版，第 8 页。

现了主导这个"孩子"不安分的那些所有的病症所在。而围绕资本问题所展开的研究实际上并没有为我们留下一个消除资本病症的完全手册，相反，马克思仅仅如同医生一般对资本之病症做出了症候性的诊断。而正是这一诊断给与了我们直至今天审视这个世界的一个独特视角。

在此，我们可以这样大体来谈论《资本论》及其手稿所蕴含的独特视角：作为一部政治经济学批判著作，马克思写作《资本论》的理论目的只有一个，那就是从资本逻辑运行的客观结构当中找到资本逻辑自我崩溃的关节点，也就是我们常常提起的马克思的危机理论的建立。

马克思对于资本批判的问题意识是清楚了，但他究竟如何展开这一问题意识，却是一项极为艰难的工作，这一工作的确耗尽了马克思后半生的绝大部分时间。由此形成的三卷本的《资本论》为我们理解近代资本主义诞生的初始状态和发展逻辑提供了第一手资料。尽管在马克思的时代，他只是看到第一卷的完整出版，但一个不争的事实在于，马克思在反复修订其第一卷的时候，其对有关资本问题的研究，已经成竹在胸了。在 1865 年 7 月 31 日给恩格斯的信中，当马克思谈起他即将完成的《资本论》的第三册时曾这样说："我不能下决心在一个完整的东西还没有摆在我面前时，就送出任何一部分。不论我的著作有什么缺点，它们却有一个长处，即它们是一个艺术的整体，但是要达到这一点，只有用我的方法，在它们没有完整地摆在我面前时，不拿去付印。"[①] 在这一意义上而言，马克思以手稿的方式勾勒了一个他关于资本问题的完整逻辑。因此在即将展开有关马克思"资本"问题研究之前，我想有必要简单交代一下他为我们所试图搭建的宏大工程的基本骨架：

《资本论》第一卷，主要讨论的就是有关资本的本质，资本的前世今生以及它较为普遍的一种运行逻辑。在这一卷里马克思如同一个自然科学家，他将对资本的研究置于某种相对便于读者理解的状态与结构中，在其中抽掉了很多复杂的因素，然后看看资本是如何在一个"真空"的环境下运行的。

而在《资本论》的第二卷中，马克思和恩格斯则着力于资本的流通过程，一点点为资本逻辑添加很多复杂与现实的要素，从简单再生产到扩大再生产，一步步地，将资本在现实生

---

① 《马克思恩格斯文集》第 10 卷，人民出版社 2009 年版，第 231 页。

活当中活生生的运演过程呈现出来。

最终,《资本论》的第三卷,则结合当时刚刚兴起的诸多资本的新形态,着力讨论了资本在不同生产部门的分配和进一步增殖的方式,其中包括了时至今日才为我们日益熟知的生息、货币,金融,虚拟资本等丰富多彩的内容。当然马克思关注这些资本新形态的目的不是仅仅为资本主义社会勾勒一幅肖像,他的问题意识贯穿始终,那就是资本在新形态当中存在的新的矛盾形式,以及资本主义未来发展趋势。于是在其中我们看到了剩余价值的分割,以及利润率的平均化及其下降的趋势与反趋势。这些问题都直接关系到资本主义内部不可克服的危机问题。

有关这三卷内容的核心要点,在此,我想用法国学者 Daniel Bensaïd 的一个更有趣的说法来加以概括:他认为这三卷本的《资本论》的主题分别为资本的"犯罪现场"、"洗钱"和"分赃"[1]。此概括,在某种程度上传神地道出了资本的本质。

---

[1] 参见 Daniel Bensaïd, *Marx, mode d'emploi*, Paris: Zones, 2009, p113–131。

美国当代马克思主义者大卫·哈维在《资本思维的疯狂矛盾》中同样从观看视角的多重性维度来说明了《资本论》固有的结构完整性：

> 三卷《资本论》分别从不同立足点观察资本的整体性，并提供我们来自各个视角的洞见。这就好像，为了测录一个发生在广场上的时间，例如埃及解放广场、土耳其塔克辛广场，而从位于不同方向的三个窗户看下去。每扇窗户看到的，都是一个完整且忠于自身角度的故事，但要了解广场事件的全貌，则有必要兼顾三个不同的版本。

正是在这一意义上说，马克思的《资本论》及其手稿虽是一部未完成的作品，却同时依然是一个完整的艺术整体。

马克思的《资本论》及其手稿，内容浩繁、结构复杂，由此更加反衬出大家即将翻开的这一部以"资本变形记"为主旨的"趣读"之"轻"、体量之"小"。但正如哲学家伏尔泰在一封给朋友中的信里说的那样：我今天没时间给你写封短信，所以我还是给你写封长的吧。这个道理看似隐含悖论，却以极为幽默的方式道说出写作所特有的一种"轻"与"重"、"大"与"小"

的辩证法。并非越长的研究就一定会越全面、越深刻。相反以言简意赅、短小精悍的方式来呈现一个大问题的研究，反而是难上加难。由是，我所能给出的这部有关"资本变形记"是否真的做到了"以小见大"，"见微知著"，我已惶恐地无法揣测……

一切只能留待总会到来的未来给出答案。

第一章

荒岛求生：鲁滨逊也需要『星期五』

——《经济学手稿（1857—1858 年）》导言之一

◆ 19 世纪 60 年代的英国博物馆阅览厅

记得我第一次读到英国作家丹尼尔·笛福的长篇小说《鲁滨逊漂流记》的时候是在小学三年级，在当时，它在我的眼中近乎是一部科幻小说。一个荒岛中的流浪者，对于一个生活在钢筋水泥构筑的现代城市孩子来说，注定隐含了一种无法言说的恐怖。没有了唾手可得的生存物资，没有书，没有电视，没有群体，一个人究竟该如何生活。我贫乏的想象力，以及对荒岛求生的过度关注，让我在很多年里都错失了这部书所蕴含的更多深意。

多年后，在快餐式的文学简介流行的今天，我读到对这部著作的这样一个评价："作家笛福从自己对时代的观感和感受出

发，以资产阶级上升时期的冒险进取精神和 18 世纪的殖民精
神塑造了鲁滨逊这一形象。"这一评价尽管略显粗糙，倒也算
是立足于马克思视角理解文学典型形象的一条典型路径。

马克思曾在评价他的朋友费迪南·拉萨尔的戏剧《济金根》
的时候这样说："您的《济金根》完全是在正路上；主要的出场
人物是一定的阶级和倾向的代表，因而也是他们时代的一定思
想的代表，他们的动机不是来自琐碎的个人欲望，而正是来自
他们所处的历史潮流。"① 换句话说，艺术形象的真正意义总是
需要通过从它的特定时代当中来找寻。作为曾经的文艺青年，
如今已过而立之年的马克思，对艺术和文学都有了自己独特的
评价方式。文学已经融入他的生活，如同一道精美大餐中的各
色调味品，让饕餮盛宴变得更加有滋有味。于是，在马克思后
半生的政治经济学批判研究当中，歌德、莎士比亚、席勒总是
在不经意间就溜进了马克思的研究笔记当中，浮士德、堂吉诃
德与鲁滨逊，在马克思的笔下，则成为了遮盖资产阶级面孔的
不同面具。

---

① 《马克思恩格斯文集》第 10 卷，人民出版社 2009 年版，第 174 页。

于是，翻开《经济学手稿（1857—1858 年）》导言部分，一开篇，马克思就首先抛出了鲁滨逊，他化身为马克思所批判的资产阶级国民经济学的典型形象，诠释了一个仅仅活在 18 世纪思想家的头脑中的抽象个人。

马克思这样说：

> 在社会中进行生产的个人，——因而，这些个人的一定社会性质的生产，当然是出发点。被斯密和李嘉图当作出发点的单个的孤立的猎人和渔夫，属于 18 世纪的缺乏想象力的虚构。这是鲁滨逊一类的故事，这类故事决不像文化史家想象的那样，仅仅表示对过度文明的反动和要回到被误解了的自然生活中去。……其实，这是对于 16 世纪以来就作了准备、而在 18 世纪大踏步走向成熟的"市民社会"的预感。①

不得不说，马克思慧眼如炬。他透过鲁滨逊看穿了两件事：

---

① 《马克思恩格斯全集》第 30 卷，人民出版社 1995 年版，第 22 页。

第一，鲁滨逊在荒岛的生存境遇昭示出的是一个 18 世纪的原子化的个人生活。这个个人似乎可以独自解决生活中出现的所有问题：这种孤立的生活，对于鲁滨逊而言是被迫的，但对于 18 世纪的个人而言，却是依靠着普遍的商品交换而自愿形成的。鲁滨逊不过是这种 18 世纪孤立生活的典型形象。

第二，斯密与李嘉图将由历史延续至今的一个结果当作了全部历史的起点。于是产生了一个只有在贫乏想象力中才可能存在的一种假设：很久很久之前，在地球上突然出现了这样一个人，他天然拥有着经济头脑，当有一天他多打了一只野兔，自己当天吃不完，他竟然不仅想要拿着这只野兔去换渔夫的鱼，还想在交换中赚得更多，从而让自己在以后的日子里，每天都有新的剩余。由此，他认为自己应该拥有一些叫作财富的东西，来保障自己是一个独立的个人，并因此而有了独立的人格、主张和生活。

我相信，在今天，当大家听到这一整套推论的时候，会觉得顺理成章，但要知道，在这个顺理成章当中，包含一个非历史的绝对抽象。众所周知在一些人类学的考察与研究

中，人类自起源之时，总是在一个部族当中、一个家族当中
生活的，而且在其中，没有任何人需要拥有独属于自己的一
些东西，甚至也没有什么剩余。法国人类学家莫斯在 20 世
纪初期，写过一本叫作《礼物》的著作，在其中他发现在他
所考察的原始部落当中，人们一旦有了剩余的俘获物，就
会以极度浪费的方式将它们消耗掉，这个浪费的仪式还有一
个名字，叫作夸富宴。这一夸富宴实际上是人类感谢大自然
赐予事物的方式。尽管这一浪费仪式的确可能充当着社会交
往的功能，但要从这一交往仪式当中直接孕育出一些有经济
头脑、懂得积累和算计的孤立的个人却是一件匪夷所思的事
情。这样的人一定是原始人类难以理解的怪人，而这个怪人
的典型形象正是生活在荒岛上的鲁滨逊。之所以说他怪，就
在于他独自一个人生活在一个孤岛上时，却能够按照只有在
社会生活中才有的生活方式开始自己的生活。所以鲁滨逊的
荒岛求生是 18 世纪以后的人才可能存在的求生方式。他绝非
历史生成过程的起点，而是终点。马克思清楚地意识到这一
点，他这样告诉那些鲁滨逊的痴迷者们："产生这种孤立个人
的观点的时代，正是具有迄今为止最发达的社会关系（从这
种观点看来是一般关系）的时代。人是最名副其实的政治动
物，不仅是一种合群的动物，而且是只有在社会中才能独立

的动物。"①

　　这个在极度发展的社会关系中才有的独立性，对于已经生活在极度发达的社会当中的国民经济学家们来说却变成了一个难以理解的事实。他们面对复杂的社会现实，变成了一个未谙世事的孩童，仅仅理解所有那些直接被他们看到的一切。这种特有的幼稚，对于经过了唯物史观洗礼的马克思来说，也是不可理解的。马克思甚至带着一点嘲弄的语气抱怨自己在此重提鲁滨逊的原因："18世纪的人们有这种荒诞无稽的看法是可以理解的，如果不是巴师夏、凯里和蒲鲁东等人又把这种看法郑重其事地引进最新的经济学中来，这一点本来可以完全不提。"② 巴师夏、凯里分别是法国和美国的两位与马克思同时代的政治经济学家，对他们的政治经济学的某些论述，马克思在1857—1858年这段时间中还曾认真阅读和批判过，但随着他们所特有的国民经济学家幼稚病的不断展现，马克思也终于没了耐性，所以今天在我们翻开《经济学手稿（1857—1858年）》的一开篇就有一个马克思未完成的残片，讨论的正是巴师夏和

① 《马克思恩格斯全集》第30卷，人民出版社1995年版，第25页。
② 《马克思恩格斯全集》第30卷，人民出版社1995年版，第25页。

凯里的一些说法。而也正是在这个残片的最后，马克思竟然直接写出了他的"烦躁"。

马克思说："不能再谈这些毫无意义的东西了。因此，我们抛开巴师夏先生。"①

《经济学手稿（1857—1858 年）》的第一部分就此戛然而止。

现在让我们从马克思对鲁滨逊的批判中抽身出来吧。让我们重新思考一下，马克思批判鲁滨逊之后，究竟想向我们正面说明点什么呢？

需要明确的是，此刻的马克思，用鲁滨逊开始他的政治经济学研究，其实是在为自己找寻打开政治经济学大门的敲门砖。

因为此刻的马克思，每天端坐在大英博物馆中遍览当时各种政治经济学家们的著作，发现他们的书有一个共同特征，那

---

① 《马克思恩格斯全集》第 30 卷，人民出版社 1995 年版，第 17—18 页。

就是他们的开篇都有一个叫作"生产"的总论。在这一总论中，他们总是会喋喋不休地去讨论那些与生产有关的很多事，比如生产所需要的条件，影响生产的诸多要素（消费、交换和分配等），这些要素似乎都与生产分别处于人的生活的不同个环节，因此可以拿出来单独讨论一下，于是政治经济学家就诞生了一部部所谓很富"逻辑性"的著作。

我们总是很习惯于以三段论的方式来展开论证，这个神秘的逻辑，从古至今总是不经意间统治着我们的思维方式，最为典型的如黑格尔的《逻辑学》，总是以正、反、合的辩证方式展开对所有问题的分析，即便是在黑格尔看来最不典型的中国哲学当中，我们也会碰到诸如"一生二,二生三,三生万物"的表达方式。"事不过三"也毫无道理地渗透到我们的日常生活的语言当中。这种近乎强制的思维方式成为我们架构一个理论体系必不可少的方式。

于是，马克思看到了那些政治经济学家们不仅将人天然视为一个个鲁滨逊，同时人现实的生产活动也被分割为一个由三段论构成的部分，"生产是一般，分配和交换是特殊，消费是个别，全体由此结合在一起"[1]。很逻辑、很辩证的一种表述方式，但在马克思看来，这种理论的链接却是"一种肤浅的联系"[2]。这是一个缺乏想象力的小说家才有的理解方式。因为在马克思看来无论是18世纪活生生的个人，还是这些个人所从事的生产，须臾不可离的，正是孕育它们的社会生活本身。

于是在这篇导言当中，马克思总是不经意间重复着同样一个观点：个人总是生活在社会当中的"个人"，个人的生产因此也总是社会性的生产。换句话说，只要一个人开始一种叫作生产的活动，他就必然已经陷入到与他人共生共存的社会语境当中了。这个事实是如此简单，只要我们睁开眼睛，环顾四周，我们立刻就会发现，现实生活中根本就没有政治经济学家们津津乐道的单纯的生产、单纯的消费、单纯的交换和分配。对这一点，马克思做了特别详细的描述，他用了相当的篇幅，不厌其烦地说着消费也是一种生产，生产也是一种消费，交换和分配只是在一定生产方式之下才有它们特殊的存在样态。马克思在此似乎要让原本被政治经济学家们分析得很清楚的概念体

---

① 《马克思恩格斯全集》第30卷，人民出版社1995年版，第30页。
② 《马克思恩格斯全集》第30卷，人民出版社1995年版，第30页。

系再度陷入混沌当中，社会中一切的经济行为都变成了一个横看成岭侧成峰的事情，一个行为究竟是消费还是生产，完全在于你的视角，这个道理其实也不复杂。马克思用了一个简单的例子就说得很明白：

> 饥饿总是饥饿，但是用刀叉吃熟肉来解除的饥饿不同于用手、指甲和牙齿啃生肉来解除的饥饿①。

不知大家听懂了这个例子所要表达的意思了吗？马克思在此要说的是，吃饭，这种看似是纯粹的消费行为当中，竟然也隐含着一种生产，即一种用刀叉吃肉的消费行为的生产，并由此带来现实中对刀叉的生产。而习惯用刀叉来吃饭的人，无论何时，无论何地，都是社会中的人，哪怕是荒岛中孤独的鲁滨逊，他也不会在十几年的荒岛生活放弃这样一种吃饭的习惯，从这一意义上，我们也可以理解了，为什么在笛福的小说后半段，他一定要创造出另一个人，被鲁滨逊命名为"星期五"的小野人来陪伴鲁滨逊。道理很简单，对另一个人的依赖，这是一个 18 世纪的社会中的个人生存的必要条件。

_____

① 《马克思恩格斯全集》第 30 卷，人民出版社 1995 年版，第 33 页。

第二章

资本创世纪的第一缕光
——《1857—1858 年经济学手稿》之一

◆ 1857—1858 年经济学手稿的一页

不知大家是否想过这样一个问题，马克思为什么会把自己对政治经济学的研究著作取名叫作《资本论》呢？对这个问题的回答，对于我们理解马克思后半生的工作，可谓至关重要。因为在 19 世纪，有关政治经济学的研究，已经逐渐成为一个学术热点，但如果你去翻看一下当时与马克思同时代的那些学术同仁们发表的各种专著和论文，你会发现一个有趣的现象：大家其实采用着基本类似的概念，比如价值、地租、资本、劳动等，不过总是会在专著与论文的题目上体现出细微的差异。

比如那几位被我们反复提及的古典政治经济学的研究大咖，那位热衷于在邮局盖邮戳的亚当·斯密，他的代表作被我们称为《国富论》，其实它的全称叫作《国民财富的性质和原因的研究》；而那位投资高手大卫·李嘉图则给自己的专著取名《政治经济学及赋税原理》。从这些专著的名称上，我们可以清晰地读出每个研究者在进行政治经济学的研究中，视角各不相同。于是面对相同的经济运行方式，斯密想到的是去积累社会财富，而李嘉图想到的则是怎么有效地把财富进行分配，两个人都没有想到的是这种财富的积累与分配问题究竟对人的生活会产生怎样直接的影响、在这一经济架构中，一个人与另一个人的关系会发生怎样的变化。或许在他们的眼中，这些问题都不是政治经济学需要研究的问题，但对于学法律与哲学出身的马克思而言，却恰恰都成了问题。

所以，当马克思沿着斯密与李嘉图所开启的古典政治经济学的范式展开他的思考的时候，他的理论落脚点与这两位前辈完全不同。这个不同点的核心就在于，如果说对斯密与李嘉图而言，他们关心的问题是如何有效推进资本逻辑的不断拓展和演化，从而让其更为有效运行，那么对马克思而言，他所关心的问题却是资本如何成为一个"隐形的吸血鬼"，让一个人可以毫无节制地去压榨另一个人的血汗，只为了让自家的钱袋子再鼓一些。三个人的研究视角不同，因此，当他们同样面对拥有几十架机器的一幢厂房、几十个人共同的工作模式时，斯密与李嘉图看到的是一个现代工厂和一群只知道在经济上斤斤计较的"经济人"，而马克思所看到的却是在这种所谓现代工厂中一群血肉之躯站在一架架钢铁机器的面前，逐渐变得麻木、冷漠，受尽苦难。

在此，我并不想将马克思在这个时期描画成一个悲天悯人的人道主义者，我只是想告诉大家，当我们读到马克思那客观冷静的《资本论》及其手稿的时候，要时刻提醒自己，他这样做的目的并不是想做一个科学的经济学家，而是想做一个手持利剑的思想家，用手中理论的武器去揭开资本给那个时代所蒙上的很多"玫瑰色的面纱"。或许你会有些疑问，在资本主义初期的工厂当中生活的工人，生活状况不是很糟糕吗？哪里有什么"玫瑰色的面纱"呢？其实，纵观整个人类历史长河，你会发现，资本主义社会的到来是人类第一次打破与生俱来的阶级划不平等：金钱代替了血统，重新编排演绎着现代人的生活。人获得了"生而平等"的现实性，这就是属于资本主义时代的"玫瑰色的面纱"。

大约正是因为这个缘故，马克思才如此偏爱巴尔扎克的作品，比如他笔下的葛兰台，其实并非是什么变态的人，而是一个最为合格的资产阶级社会中的典型人物。他会用尽最后的气力去抓取那个烫金的十字架——金光闪闪的货币，就是他生活的全部目的、全部乐趣和全部信仰。

严格来说，我不是很确定，对于今天生活在虚拟货币、电子支付普遍化时代中的孩子是否还能理解葛兰台的快乐和欲望。可能不会了，因为在如今我们这个时代，货币看不见也摸不着，它更多的时候只是表现为数字，或者说，表现为某个场景、某种享受而已。但不管怎样，人们都不得不首先面对这个曾经金光闪闪地出现在葛兰台的面前，现在又以幽灵化的方式左右着我们的生活方式的要素：货币。

在我看来，有了货币，资本世界才有了它的第一缕光。当然，这个说法是否成立，在专家学者那里可能需要几十本书的论证或者反驳。在此，我只是从马克思所敞开的视角"观看"过去，尝试做出这样一个近乎有些武断的判定。也许大家稍微熟悉一点晚期马克思的相关文献，会立刻反驳我说，不对呀，从马克思在世时正式出版的《政治经济学批判。第一分册》以及《资本论》第一卷的开篇，马克思就曾这样明明白白地道说出自己的研究起点。

> 资本主义生产方式占统治地位的社会的财富，表现为
> "庞大的商品堆积"，单个的商品表现为这种财富的元素
> 形式。①

所以，马克思分析资本的起点应该是商品，而不是货币，
但如果我们耐下心来从马克思为研究资本论所准备的诸多手稿
出发，就会发现，商品，这个多少还看得见摸得着的范畴，作
为研究的起点出现，是比较晚的。19世纪50年代，当马克思
开始他的政治经济学批判的时候，货币，才是他念念不忘的一
个（研究资本的）起点。大家不要以为我在这里是在做一个掉
书袋式的概念辨析，其实，究竟以什么为起点来讨论《资本
论》，可不是一个小问题。它可能会左右我们对资本本质的理
解：资本的本质，究竟是被资本家占有的那个豪华的大房子、
昂贵的古董、摆设、字画，还是在流通过程中不断找寻剩余价
值新增长点的那些看不见摸不着的货币中介？答案是显而易见
的，资本只能是那个马不停蹄地找寻新增长点的货币。但一个

---

① 《资本论（纪念版）》第1卷，人民出版社2018年版，第47页。

不争的事实在于，在马克思的那个年代，货币还无法摆脱自身同时也是一个商品的命运，所以，马克思还不能放弃商品，这个相较于货币更实在一些的起点：毕竟它还被表达为资本主义时代巨大财富的表现形式；更为重要的是，用以铸币的金子自身同时也是一种商品（比如金首饰、饰品等）。因此，商品与货币纠缠在一起，近乎就是一个它们无法摆脱的宿命。

而是如果我们以货币为起点，那么面对今天越来越脱实向虚的资本逻辑的发展形态，我们或许将对资本有更深入的理解。在今天金融资本运行逻辑统治世界经济架构的时代，货币的自我增殖作为资本本质的直接表现将成为我们理解当下资本逻辑运行新形式最好的说明。

所以我坚持认为，货币，将作为资本创世纪的第一缕光，为资本逻辑的运行照亮了前进的道路。我的论据很直接，那就是在马克思的《1857—1858 年经济学手稿》（以下简称《大纲》）中，大体也只分两章，即"货币章"与"资本章"。在其中，资本的诞生、流转与变形都得到说明，而商品只是作为资本主义社会关系的一种表达方式，与货币一起构成了对资本的有效说明，并不是资本的起点。因此，当马克思在《资本论》第一

卷的开篇以商品为起点去展开讨论时，我想更多地应该是为了
方便广大工人群众理解《资本论》的需要，毕竟对于当时的普
通工人来说，以更具实体形态的商品作为财富、资本的表现方
式，似乎更容易被大家所接受。

现在，让我和大家一起来读一读马克思在《大纲》中的一
段话，在其中，我们将获得马克思有关资本概念的界定，以及
什么才是规定这一资本概念的最初形式等一系列问题：

> 要阐发资本的概念，就必须不是从劳动出发，而是从
> 价值出发，并且从已经在流通运动中发展起来的交换价值
> 出发。从劳动直接过渡到资本是不可能的，正像不可能从
> 不同的人种直接过渡到银行家，或者从自然直接过渡到蒸
> 汽机一样。①

这里我要提请大家注意的是，马克思为阐发资本概念的出
发点所做的这个比喻实在很到位。资本，本质上是对价值增殖
的一个抽象表达。因此，用劳动来说明资本肯定不如价值更接

---

① 《马克思恩格斯全集》第 30 卷，人民出版社 1995 年版，第 215 页。

近资本的抽象性。同时，相比于劳动概念，资本和价值还带有社会属性，换句话说，只有在人类社会中劳动才有所谓的价值。在动物世界中，辛勤采蜜的蜜蜂，即便共同生活在蜂巢当中，也不会在乎自己的采蜜会带来什么价值。因此，价值，是一个独属于人的关系性概念，它总是人在与其他事物相比较的时候所作出的一个计算和衡量；也只有人在做事情的时候，会衡量它究竟值不值得做。这一原则，在资本主义社会中被转变为一种人考量任何事物的普遍原则。因此马克思会将人种、自然与劳动对应，将银行家、蒸汽机与价值对应：正因为无论是银行家还是蒸汽机都是只有在人类社会当中才存在的东西。

换言之，资本作为价值的增殖，从一开始就彰显为一种社会关系。因此，资本的出发点就绝不可能是一个自然物，必须也同样是一种社会关系。这种社会关系，在马克思看来，是价值，更是交换价值。因为价值就其最简单的形式而言，只有在物物可交换的时候，才特别显露出自己的意义。不是吗？你是不是也只有在准备买东西的时候，才会去权衡一个物件对你的价值，以及这个物件的价格是否与它的价值相符合。于是价值的真正实现只能是在交换价值中。

于是，马克思接着说：

> 我们已经知道，交换价值已经在货币本身上取得一种与流通相独立的形式……货币只有同流通联系起来并且作为进入流通的可能性才存在……一旦货币表现为不仅与流通相独立并且在流通中保存自己的交换价值，它就不再是货币……而是资本了。
>
> 货币是交换价值达到资本的规定的最初形式……所以资本的最初规定是：起源于流通，因而以流通为前提的交换价值，在流通中并通过流通保存自己。①

不知大家听到这段话，有怎样的感受，会不会是头脑中顿时塞满了货币、流通、交换价值，但却似乎还不知道这里面究竟说了什么？简单说来，在这段话中隐含着这样两个等式：货币 = 脱离了流通的交换价值，资本 = 独立于流通，同时还保存住了自己的交换价值的货币。当然这个说法，显然还是太过抽象。

---

① 《马克思恩格斯全集》第 30 卷，人民出版社 1995 年版，第 215 页。

　　现在让我们来一起想一想那些积累在我们银行账号上的数字，不管它是一百万还是一千万，这些数字对于我们之所以有意义就在于它们可以作为交换价值来换取我们真正需要的东西，否则有谁会在乎这些数字的多少呢？巴尔扎克笔下的葛朗台又怎么会对着一堆金子傻呵呵地乐呢？金子让葛朗台陶醉的不是它的外形或是光泽的闪耀，而是它可以交换一切的价值。但在这些数字、这些金子被拿去买东西之前，它们就是那些所谓脱离了流通，也就是脱离了购买行为的交换价值，它们的名字叫作货币。于是，我们进入商场，用那些金子或者数字最终换的是我们想要的东西：在这一过程中，如果我们购买的东西就是我们自己直接用的东西，那么作为中介的货币就消失了。但偏偏有一类人，他们共同的名字叫作资本家，他们用货币购买的东西却是为了进行再生产。在这一过程中，被消耗的货币，比如用来购买原材料的那些钱，最终却在被生产出的产品中保存下来甚至还要得到增殖。而谈到增殖，劳动与劳动者的话题就要进入到资本的问题了，结果当然不言而喻，资本，这个看似一个简单的价值增殖过程，却涵盖了有关阶级与压迫的全部故事。有关这个话题，我们随后一定会单独再和大家聊一下。现在还是先回到这个交换价值的流转过程中吧。当产品被卖出去之后，之前用来购买原材料的那些货币，就是资本。所以资本实现增殖，要依赖于商品被卖出去的流通，产品卖不出，作为资本投入的货币也就不是资本。说到这里，大家应该就明白了，我为什么如此强调货币作为资本的一个重要出发点了吧：它不仅是资本最直接的表达方式，而且它作为一种交换价值，特别凸显了流通对于资本的重要意义。

因此，资本的诞生，离不开货币的诞生，因为有了货币这第一缕光的照射，资本世界的每个角落都显露出它清晰的轮廓。

第三章

双头鹰『养成记』
——《1857—1858 年经济学手稿》之二

◆ 1857—1858 年经济学手稿第Ⅶ笔记本的封里

　　学哲学出身的马克思，转向经济学研究的目的只有一个：搞清楚这个正在磅礴兴起的资本时代为何如同"吸血鬼"一般要去榨干人的最后一滴血。面对这个资本主义，我们又能怎么办？因此，马克思对政治经济学研究最大的贡献，并不是提出了一些富有颠覆性的新的经济理论——如果大家翻看任何一部经济思想史的专著，你会发现马克思总是被定位为立足于社会主义视角来批判古典经济学的代表。严格来说，这种批判没有改变古典经济学既有的概念体系，如劳动、价值等。而马克思之所以能够在西方经济学发展史上占据重要位置，在我看来，关键在于他赋予了"资本"这个原本似乎抽象中立的经济学概念以阶级立场。换句话说，对于斯密和李嘉图来说，资本不过是启动一部生产机器的发动机而已，自身并没有什么善恶之分。他们的逻辑很简单，那就是，我们不能因为爱因斯坦创造的 $E=MC^2$ 的质能转换公式最终成为原子弹的理论基础，因此就认为这个公式本身是罪恶的。然而，马克思却以经济学—哲学的双重视角，洞察到了资本这个概念自身的罪恶性。但这并不意味着马克思陷入了指责爱因斯坦发明质能转换公式的人们所构筑的荒唐逻辑当中；相反，马克思是因为洞察到资本概念本身绝非一个对某个经济运作方式的客观描述，其从根本上意味着一种压迫与剥削人的权力机制的建立。换句话说，让我们特别强调一下：资本，从根本上说就不是经济概念，而是一个包含权力建构的政治概念。

因此，资本概念是复杂的，对这个概念的充分理解，成为我们把握资本主义社会之本质的方便法门。如果说，此前我为大家讲的是一个理解资本概念的出发点的问题，那么现在我将尝试以回溯历史的方式去展现资本的成长过程。

如果大家能够仔细阅读一下《大纲》，你会发现，马克思在其中悄悄地表达了一个有点不那么好理解的看法，那就是统治着资本主义的那些概念，并不是到了资本主义社会才出现，而是贯穿人类历史始终的。的确，我们能说在资本主义之前，人们的生活当中不存在商品的买卖和交换吗？货币，近乎伴随着人的最初诞生就诞生了。世界各地各大博物馆的文物中，各种不同形态的货币，一定占据着很大比例。因此作为资本起点与构成的这些要素，却只有在近代之后才勾勒出了一个叫作"资本主义"的社会。这究竟是为什么呢？马克思在《大纲》导言中给出了这样一个说明：

> 在一切社会形式中都有一种一定的生产决定其他一切生产的地位和影响，因而它的关系也决定其他一切关系的地位和影响。这是一种普照的光，它掩盖了一切其他色彩，改变着它们的特点。这是一种特殊的以太，它决定着它里面显露出来的一切存在的比重。①

按照这个解释，在前资本主义时代，那些构筑资本的要素并不占据主导，因此即便存在货币，资本逻辑也不会产生，即便人们已经开始有了一个简单交易的市场，经济架构也不能成为资本主义如此那般运行的基础架构。直到有一天，资本成为

① 《马克思恩格斯全集》第30卷，人民出版社1995年版，第48页。

普照的光，成为那个特殊的以太，货币与商品才在我们现实生活中调整了它们的比重，变得极为重要了。反过来，正因如此，资本的逻辑才成为社会的普遍逻辑，这意味着人们正在将对所有事情的思考都放在了资本逻辑的天平上去称量。

资本、货币与商品，这三个被我反复提到的概念，成为我和大家讨论资本之本质的关键。而三者在我的脑海里所构筑的是一个"双头鹰"的形象。货币与商品分别代表着两个鹰头，而资本则是它们共同的身躯。现在，就让我们插上历史的翅膀，穿越时间的长河，去追溯这个双头鹰的成长历程，在其中把握资本的本质吧。

故事注定要从两个人开始。有一天，在两个人的生活中，出现了一件不大不小的事情，他们突然产生了一个仅仅依靠他们自己的劳动实现不了的需要，打猎的人突然想要吃鱼，捕鱼的人却想吃野味，那该怎么办呢？完全依赖自己的能力满足不了这个需要，机缘巧合的是，他们竟然在路上相遇了。于是两人协商了一下，渔夫将手里的两条鱼拿出来交换了猎人的一只兔子。后来影响了人类历史的经济交往方式的雏形就这样悄无声息地拉开了它的序幕。

但这种机缘巧合的事情却并非天天发生，毕竟并不是所有的猎人在遭遇渔夫的时候，恰好也想吃鱼，或者他还有其他更为奇特的要求，却无法得到满足，那该怎么办呢？

聪明的人类开始想办法了。于是逐渐地，某个特殊的商品就开始充当一个被马克思称为"一般等价物"的存在，也就是最初的货币的诞生，比如一只羊或者一个贝壳。面对这一时期的这些特殊商品，马克思说"商品是货币"。是的，没错！这个时候的货币就是具体的商品。大家牵着羊，或者拿着一堆贝壳就可以换到任何自己想要的其他物品。粮食、衣物，所有一切都必须折合成几只羊、几个贝壳来交换。于是马克思明确指出：

> 商品是等价物；作为等价物，商品的一切自然属性都消失了；它不再和其他商品发生任何特殊的质的关系，它既是其他一切商品的一般尺度，也是其他一切商品的一般代表，一般交换手段。作为价值，商品是货币。①

换句话说，我们的双头鹰在刚刚诞生之日，还只有一颗

---

① 《马克思恩格斯全集》第30卷，人民出版社1995年版，第89页。

"头",那就是商品。也正因如此,它还不是作为双头鹰的资本,但隐含于其中分裂的基因却已经不可避免地形成了。

因为这个一般等价物的存在,显然会极大地推进交换的普遍化,人们可以怀揣几个贝壳一路旅行,并将自己的东西交换给最需要它的人那里。自此,当越来越多的人接受贝壳作为一般等价物的时候,贝壳,这个原本仅仅作为满足人需要的一个具体的物件,除了它的硬度、色彩之外,突然有了另一重属性,马克思将这一属性叫作"纯经济存在"。这个属性用眼睛是看不出来的,只有在三个贝壳被用来交换两条鱼的时候才显现出来。贝壳于是成为一个经济关系。所以,当原始人逐渐将某个具体的物件看作是固定的一般等价物的时候,真正的货币就诞生了。这个货币,逐渐脱离了一般的商品,而成为一种特殊的商品,特殊到什么程度了呢?特殊到它只能由某种材质的商品充当,比如金和银,它们因为好存储、好运输、好分割等多种特性,在很早之前的西欧就被确定作为特殊商品的货币。

在此,我不得不说,在一个资本主义刚刚发展起来的时代中,马克思对货币的理解,多少还带有着他所生活的时代的烙印。今天,当我们翻开马克思每天在大英博物馆里苦读的书单,我们会发现其中有很多是有关冶金的书籍，看到这类书，最初我还有点惊讶，不知为什么马克思要阅读这类著作，但当我们今天翻开《大纲》的时候，谜底立刻就被揭开了，马克思为了搞清货币的发展历程，竟然用了相当的篇幅在这部手稿中讲述了有关贵金属的金属特质。让我一瞬间感觉自己在阅读一部矿物学书籍，其专业程度一点都不亚于相关专业著作。

当然马克思讨论这个话题的目的只是为了论证这样一个道理："金银本身不是货币"，"但货币直接是金银"。[①]19 世纪 50 年代的马克思所看到的货币，仍然带有着它原初的商品性，因为它需要某种具体的材质来表现自己。在这一意义上说，不仅商品是货币，同时货币也是商品。货币与商品，最初会表现为一个物件上存在着的两重属性，比如在荷马著作中充当货币功能的公牛，一边可能作为一种商品，被大家直接使用，一边却可能作为货币，用来与其他物件相交换。正是人类社会交往中商品和货币的这种相互转化与统一，构成了一个拥有着双重性的商品以及一个拥有着双重性的货币。它们都同时包含着一个具体的形态，并同时包含着一个抽象的经济关系。

---

① 《马克思恩格斯全集》第 30 卷，人民出版社 1995 年版，第 193 页

双头鹰的资本已经逐渐长出了它的轮廓。

马克思在他的自白当中坦然承认他最爱的作家是歌德、莎士比亚与埃斯库罗斯，据统计，在马克思的全部著作中，埃斯库罗斯出现了十几处，而莎士比亚的名字出现了不下 150 处。歌德也与此相似。[①] 而就在我们现在阅读的《资本论》及其手稿当中，马克思常常采用他的文学偶像的诗化语言来重述他对货币、商品和资本之间那些略显干枯晦涩的表达。

比如在《资本论》的第三章中，马克思再一次将他在《1844年经济学哲学手稿》以及《德意志意识形态》当中反复引用的莎士比亚的《雅典的泰门》的一段话来谈论货币对人类社会的改变。

马克思引用了其中长长的一段：

金子！黄黄的、发光的、宝贵的金子！

①　[苏] 瓦·奇金：《马克思的自白》，蔡兴文等译，中央编译出版社 2011 年版，第 123 页。

只这一点点儿，就可以使黑的变成白的，丑的变成美的，

错的变成对的，卑贱变成尊贵，老人变成少年，懦夫变成勇士。

吓！你们这些天神们啊，为什么要给我这东西呢？

嘿，这东西会把你们的祭司和仆人从你们的身旁拉走；

把壮汉头颅底下的枕垫抽去；

这黄色的奴隶可以使异教联盟，同宗分裂；

它可以使受诅咒的人得福，使害着灰白色的癞病的人为众人所敬爱；

它可以使窃贼得到高爵显位，和元老们分庭抗礼；

它可以使鸡皮黄脸的寡妇重做新娘……①

在此，马克思借用莎士比亚的戏剧《雅典的泰门》，只是为了佐证他所强调的独属于货币诞生，并获得普遍发展之后所产生的一种"激进的平均主义"，这一平均主义意味着："一切东西都可以买卖。流通成了巨大的社会蒸馏器。一切东西抛到里

_____

① 《资本论（纪念版）》第1卷，人民出版社2018年版，第155页脚注91。

面去，再出来时都成为货币的结晶。连圣徒的遗骨也不能抗拒这种炼金术。"① 而这一"激进的平均主义"直接的后果是，人们不自觉地产生了一种超越自然的、有限的需要的求金欲，于是，马克思斩钉截铁地说："没有货币，就不可能有致富欲本身。"②

这句话意味着什么呢？意味着商品，借助于流通的蒸馏，在转变为货币的过程中，也最终催生出了资本。致富欲，用理论的语言表达正是一个仅以货币增殖为目的的欲望。而资本就存活于这个欲望之中。没有这个仅为了积累货币的致富欲，资本的概念无从产生。

以资本为身体、商品和货币为两头的这个双头鹰，在分工与交换的不断扩张当中，获得迅猛的成长。时至今日，当货币不再拘泥于它的质料性的规定，而全然成为一个数字，以编码的方式写入我们账户的时候，货币和商品各自具有的双重属性分别分裂为他们各自单一的功能，货币此刻不再是商品，单纯成为一种纯粹的经济关系，同样具体的商品在高度发达的货币

---

① 《资本论（纪念版）》第 1 卷，人民出版社 2018 年版，第 155 页。
② 《马克思恩格斯全集》第 30 卷，人民出版社 1995 年版，第 113 页。

体系下也不再兼顾作为经济关系的抽象维度，它只是成为被买卖的具体产品，用来满足人们的具体需要。对于今天的资本概念而言，它或许不再是包含商品与货币的双头鹰，而成为笼罩世界的一个大网，所有试图存活下来的东西，都需要在这个网格上来找到自己的一个位置。这表现在所有的具体的需要中，所有具体的商品都必须首先变成一个个可以沟通的货币，并且在流通当中能够让这一货币不断增殖，这个需要，这个具体的商品才可能被投入生产，进入现实人的生活视野。

第四章

国王、工人与三个先令的平等

◆ 19 世纪 50 年代的伦敦

　　晚年的马克思结交了几位年轻的朋友，德国人威廉·李卜克内西，法国人保尔·拉法格，两位不仅在思想上追随马克思，也是最早在实践中践行马克思主义的革命者。在马克思一头扎进大英博物馆里开启他对资本主义时代的系统研究和批判的时候，李卜克内西常常造访马克思一家，而且他和马克思一家人常常一起去远足郊游，或者与马克思一起下象棋。在李卜克内西的描述中，马克思虽然很喜欢下象棋，却很容易因为输掉一盘棋而恼怒。但恼怒过后，马克思又会回去冷静地分析和反思，并想出一套新的战法，然后约上李卜克内西和其他几个人演练他的新战法，直到马克思把他们全部打败。马克思将他对学术的严谨竟然贯彻到了生活的方方面面。这实在让人忍俊不禁。

同样出自李卜克内西的回忆，马克思在撰写《资本论》的时候，几乎天天阅读但丁，且经常高声朗诵《神曲》的某些段落。这个说法是否是真的，不得而知，但在 1859 年正式出版的《政治经济学批判·第一分册》的序言中，在回顾了自己有关政治经济学研究的整个过程之后，马克思信手拈来了但丁《神曲·地狱篇》中的一句话来为自己的科学研究正名。

他颇为感慨地说：

不管人们对它怎样评论，不管它多么不合乎统治阶级的自私的偏见，却是多年诚实研究的结果。但是在科学的入口处，正像在地狱的入口处一样，必须提出这样的要求：

"这里必须根绝一切犹豫；

这里任何怯懦都无济于事。"①

---

① 《马克思恩格斯全集》第 31 卷，人民出版社 1998 年版，第 415 页。

2017 年美国学者 William Clare Roberts 撰写了一部题为《马克思的火焰：资本论的政治理论》的专著，在其中系统地研究了马克思与但丁的关系，他甚至在书中画出一个《神曲》地狱篇与《资本论》第一卷的结构平行关系的图表①，将《资本论》第一卷各个章节的展开过程分别与《神曲·地狱篇》中的不同层级对应了起来：不同地狱层级中所对应的罪恶也因此对应于资本运行的不同层面，从商品、交换与货币，到资本主义的剥削与原始积累，分别对应着"地狱篇"中的纵欲罪、施暴罪、欺诈罪以及背叛罪等。

提到这部著作的目的，并不是想让大家去关注马克思与但丁之间是否存在什么思想上的关联，这一点其实对于理解马克思并不那么重要，在此，我只是想提醒大家注意这样一个事实，在这种勾连当中，我们看到的是马克思在对资本逻辑的描述当中透露出的对资本的拒斥和批判。

这其实是一个不小的问题。一直以来也是学术界不断在争

---

① 参见 William Clare Roberts, *Marx' Inferno: The Political Theory of Capital*, Princeton University Press，2017，p.27。

论的问题。在马克思的《资本论》及其手稿的研究中是否仍然能够涵盖他早年激进的政治立场和革命的诉求？他在严谨的科学研究当中是否没有丧失曾经的思想锋芒？

我对这些问题的回答始终是肯定的。换言之，我始终认为无论马克思在他的文献当中表现得如何客观冷静，但对于资本主义社会条件下生活着的人的生存状态的关切，始终是他进行全部科学研究的最终目的所在。这一点尤为突出地表现在马克思为写作《资本论》所撰写的这些政治经济学研究手稿当中。他总是在刚刚冷静地为我们呈现出诸如有关货币的诸个规定，货币向资本转化的过程等之际，不经意间就将话题引向了诸如人在这样的社会中所特有的自由、平等与个性的发展等话题。在这一意义上说，马克思的确进行的是一种"政治"经济学的批判，因为他总是为那些在当今西方政治哲学当中常常被谈及的自由、平等等概念找到它们得以产生的经济学根源。

在此，我仍然想和大家分享马克思在《经济学手稿（1857—1858 年）》当中的几段很有意思的描述来佐证我刚刚给大家谈到的这些观点：

比如在马克思谈论货币如何转化为资本的过程中，当论及货币作为普遍的中介，从而使得流通和交换成为资本得以实现的前提之际，马克思突然开启了一段有关这种普遍的流通和交换条件下，人在形式上所获得的绝对平等与自由。

马克思这样说：

> 每一个主体都是交换者，也就是说，每一个主体和另一个主体发生的社会关系就是后者和前者发生的社会关系。因此，作为交换的主体，他们的关系是平等的关系。在他们之间看不出任何差别。[①]

随后，马克思又对这种处于交换关系当中的个人做了更为详细的描述：

首先，作为自然物的人，在相同的自然需求之间，只是同一个人。比如大家都需要呼吸空气，都需要吃饭，这种自然需要的相同，使得人与人是无差别的。但既然我们是无差别的，

---

① 《马克思恩格斯全集》第 30 卷，人民出版社 1995 年版，第 195 页。

也就无所谓还要求什么平等和自由。对平等和自由的呼吁，从来都是建立在不同的人之间的一种价值观上的努力。

所以，马克思特别强调了资本主义社会中交换的普遍化，最终让原本拥有着不同需要，并存在着差异的不同个人拥有了一种形式上的平等。

马克思说：

> 只有他们（也就是那些个人——笔者注）在需要上和生产上的差别，才会导致交换以及他们在交换中的社会平等化。……从这种自然差别来看，个人 [A] 是个人 B 所需要的某种使用价值的所有者，B 是 A 所需要的某种使用价值的所有者。从这方面说，自然差别又使他们互相发生平等的关系。①

换句话说，我们每个人彼此多样化的需求，反而造就了资本时代人与人之间得以平等的前提。试想，如果原始的猎人没

---

① 《马克思恩格斯全集》第30卷，人民出版社1995年版，第197页。

有想吃鱼的冲动，他根本不会到处找渔夫进行交换，人类历史的第一个经济行为的最初原动力就没有了。没有了交换，大家也就没有了试图将各种不同的物件还原为可交换的一个物件的想法，那也就没有了什么平等交换的诉求了。

不得不说，马克思审视平等问题的视角是独特的，他的独特性在于并没有将平等原则视为人与生俱来的人性原则。法国思想家卢梭曾经振聋发聩地喊出了"人生而平等"的口号，鼓舞人们为了获取自身的平等而献身。但人们却总是很少完整地说出卢梭这句话的全部："人生而平等，却无往不在枷锁中。"这句完整的表达，凸显了卢梭倡导激进平等原则背后的那份冷静，当然也透露出卢梭的些许焦虑与无奈。但同样谈论平等，马克思却似乎少了卢梭的这份焦虑与无奈，因为对于他而言，平等从来都不是人与生俱来的一个人性原则；恰恰相反，它是伴随着交换的普遍化与作为一般等价物的货币的流行才产生出来的。因为在交换当中，所有人正是在平等地使用货币，参与交换的意义上获得了最为彻底的平等。所以马克思戏谑地说：

> 对卖者来说，一个用 3 先令购买商品的工人和一个用 3 先令购买商品的国王，两者职能相同，地位平等——都

表现为 3 先令的形式。他们之间的一切差别都消失了。卖者作为卖者只表现为一个价格 3 先令的商品的所有者，所以双方完全平等，只是这 3 先令一次是以银的形式存在，另一次是以砂糖等等的形式存在。①

我不知道对于当时的伦敦人而言，3 先令究竟能买点什么，但应该不是很大数目的一笔钱。马克思在此用 3 先令就为我们搭建起了一个国王与一个工人之间的平等。不知为什么，让我总是隐隐地感觉到马克思似乎在嘲弄着这一平等的廉价。

随后，马克思在相隔不远的段落中再度讨论了一个建基于交换行为的自由：

> 从交换行为本身出发，个人，每一个个人，都自身反映为排他的并占支配地位的（具有决定作用的）交换主体。因而这就确立了个人的完全自由：自愿的交易；任何一方都不使用暴力……②

---

① 《马克思恩格斯全集》第 30 卷，人民出版社 1995 年版，第 201 页。
② 《马克思恩格斯全集》第 30 卷，人民出版社 1995 年版，第 199 页。

"因此"，马克思接着说："如果说经济形式，交换，在所有方面确立了主体之间的平等，那么内容，即促使人们去进行交换的个人和物质材料，则确立了自由。可见，平等和自由不仅在以交换价值为基础的交换中受到尊重，而且交换价值的交换是一切平等和自由的生产的、现实的基础。作为纯粹观念，平等和自由仅仅是交换价值的交换的一种理想化的表现；作为在法律的、政治的、社会的关系上发展了的东西，平等和自由不过是另一次方上的这种基础而已。而这种情况也已为历史所证实。"①

我不得不为大家全文引用这段马克思有关于自由和平等之观念如何形成的精彩表述。因为在其中，蕴含着一个对大家来说非常熟悉的唯物主义经典表达，那就是经济基础决定上层建筑。那被卢梭作为人性固有的崇高理念的自由和平等，在马克思这里却不过是一条普遍交换的法则，它就诞生于熙熙攘攘的市场当中，同时也是那些斤斤计较的市民们最容易理解的法则。

---

① 《马克思恩格斯全集》第 30 卷，人民出版社 1995 年版，第 199 页。

讲到这里，你会不会突然觉得那曾在法国大革命中由革命者的鲜血所捍卫的人类社会普遍的平等与自由，在马克思这里变得没有那么崇高了？马克思这一阐发自由和平等的路径是否矮化了这些普遍的价值呢？对这些问题的思考很重要，因为我确信，它会引领大家进入到马克思全部政治经济学批判的政治诉求的真正内涵。

第五章

资本『变』形记

◆ 1863—1865 年撰写的《资本论》手稿的一页

在有关马克思的多部传记当中都提到了转战伦敦之后马克思再度遭遇与人决斗的故事。德国军官出身的工人联盟积极分子维尔诺，路过伦敦来看马克思，发现马克思似乎已经不再关注工人革命的现实运动，反而只热衷于每天去大英博物馆啃书本。于是坚持要将现实革命进行到底的维尔诺竟然提出要以决斗的方式来告诉马克思什么才是真正的革命运动的领袖。维尔诺大约想当然地认为这位在波恩大学就曾为了捍卫特里尔人的尊严与人决斗过的德国人，应该保持着他从未改变的强硬个性，接受挑战。然而事与愿违，决斗的请求被马克思断然拒绝。或许在维尔诺看来，马克思老了，失去了青春的活力与锋芒，但实际上，他早已不再了解这个曾经与他并肩作战的老战友了：此刻回归了静谧书房中的马克思，经过了政治经济学批判的洗礼，马克思失去的不是活力与锋芒，他失去的只是无知的盲动。

马克思曾告诉一位"革命男爵"，他这样看待决斗的问题：

> 决斗本身是不合理的，这是毫无疑问的。它是前一个文化阶段的残余，这也是毫无疑问的。但是，资产阶级社会的片面性造成这样的结果：与这个社会相对立，个人权利有时以封建的形式被巩固下来……如果由于顾忌所谓的"社会舆论"而去决斗，那决斗始终是滑稽剧。①

因此，我曾不止一次地指出马克思有关于政治经济学研究尽管继承了整个古典政治经济学的基本概念与命题，却与他们有着根本的不同：亚当·斯密发表《国富论》是发生在 1776 年的事，瓦特的蒸汽机还没有在工业生产当中获得广泛的应用，因此如何有效地发展生产、积累社会财富，仍然是经济学家们首先需要关注的大事。社会财富在不同阶级之间的分配是否合

---

① 《马克思恩格斯全集》第 29 卷，人民出版社 1972 年版，第 542 页。

理的问题，显然还不是社会的主要矛盾。随着资本主义社会生产方式的渐趋成熟，在它的运行逻辑中内生出的恶之花开始绽放出它残忍的绚烂。于是马尔萨斯写了一部《人口论》，李嘉图写了一部《政治经济学及赋税原理》，他们都试图为这朵恶之花的绽放进行辩护，说它不过是符合自然规律的一种自然生长，无所谓善恶。

当然，李嘉图是这些辩护者当中更为清醒的人：因为他开始讨论赋税问题，也就是开始关心社会财富的分配问题，并几乎首次提出了现代社会中存在着的三大阶级，即地主、资本家和劳动者；而且在冷静的经济学推演当中俨然已经觉察到了劳动者与资产阶级之间在利益分配上存在着此消彼长的根本对立。阶级的对立与斗争，在李嘉图这里几乎是呼之欲出的事情。于是李嘉图《政治经济学及赋税原理》的中文译者郭大力先生在译者序言当中就这样说："读里嘉图《经济学》，有一事最令我纳罕。他书中，一句一字，都为资本主义辩护，但他书中一字一句，又都可转用做反资本主义的武器。"① 当然，李嘉

---

① ［英］李嘉图：《政治经济学及赋税原理》，郭大力等译，译林出版社 2011年版，"译序"第 10 页。

图的政治经济学研究的立场仍然是为资本主义社会做肯定性论证的，这一点不会因为他那点些许的清醒认识就可以改变。

在这一意义上说，马克思的政治经济学批判是立场先行的理论研究。因为在他几乎完整继承了全部古典政治经济学的基本概念的基础上，却得出了与他们截然不同的诸多结论：资本不仅包含着一个自我否定的运行逻辑，同时还引发了不同阶级之间不可克服的阶级斗争和对抗。在此没有了李嘉图理论当中的自相矛盾，马克思在他关于政治经济学研究的每个概念中都充斥着斗争的气息。

或许你会有所质疑，概念如何具有斗争的气息？下面我将拿出古典政治经济学家和马克思常挂在嘴边的两对概念做个示范，为大家展现出一个真正的革命者是如何在静谧书斋当中去引爆那个正在吸血的资本世界。

所有进行政治经济学批判的思想家都需要面对资本的生产和流通的问题，但马克思之前的政治经济学家们总是将资本的流通与资本的生产看作相互独立的两个阶段。而在马克思眼中，资本的流通和生产却是一个完整的过程。这个差别很重要，因为它让资本在马克思的眼中成为一个活生生的过程，如同一个生命一般。而所有被卷入这个"生命"中的物件，也变得灵动起来。相反，在古典政治经济学家那里，资本却被僵化地分类，如同被挖了七窍的混沌，没有半点生气。比如，在李嘉图的眼中，处于流通中的资本被分为两类，一个叫作固定资本，一个叫作流动资本。这两类资本有着明确的界定：

　　李嘉图这样规定："资本，或则消耗迅速，常需再生产，或则徐徐消磨，无需常常再生产，故资本可分为二类，一曰流动资本，一曰固定资本。"①

　　我确信，当马克思读到这一段的时候，一定笑了起来。他一边将它抄录下来，一边嘲讽地写下了这样一段话：

　　按照这个规定，咖啡壶是固定资本，而咖啡则是流动资本。经济学家们把人们的社会生产关系和受这些关系支配的物所获得的规定性看作物的自然属性，这种粗俗的

---

① ［英］李嘉图：《政治经济学及赋税原理》，郭大力等译，译林出版社 2011 年版，"译序"第 12 页。

唯物主义，是一种同样粗俗的唯心主义，甚至是一种拜物教，它把社会关系作为物的内在规定归之于物，从而使物神秘化。①

不知大家理解了马克思对李嘉图的嘲笑了吗？如果大家还不是很清楚，我来进一步解释给大家：马克思在此指责李嘉图将固定资本和流动资本中的"固定"和"流动"看成了一个物件自身拥有的自然属性，就如同花朵的颜色、火的热度一样，一经生成，就无法更改了。而在马克思看来，所谓固定资本与流动资本其实不过分别代表着一种资本运行过程中不同的存在状态。比如处于生产过程中，不能进入流通中的资本就是固定资本，而资本作为一个需要不断流转的过程，本质上始终是一种流动资本。举个例子来说，同样面对一架机器，当一个人购买它是为了建设工厂进行生产，那么这架机器对于这个人来说就是固定资本；但如果这个人购买这架机器是为了转手将它卖给另一个人，从中赚取差价，那么这架机器对于这个人来说就是流动资本。由此可见，同样是一架机器，它可以是固定资本也可以是流动资本，所以并不如李嘉图所认为的，固定资本不

① 《马克思恩格斯全集》第 31 卷，人民出版社 1998 年版，第 85 页。

能成为流动资本，如同花朵不能是一团火一样。实际上，一个物件究竟是什么样的资本，关键在于它在资本的流转过程中处于什么样的位置。这就是一种独特的资本变形记。

那么随之而来，你可能产生另一个疑惑，马克思做这个区分的目的是为了什么呢？对这个问题的回答很关键。当马克思将固定资本与流动资本视为是人的一种社会关系而不是一个物的自然属性时，这就意味着，资本的整个运行方式不过是人类社会自己的产物，由此带来的一个结论必然是，所有关于资本的理解都需要围绕现实的人来展开，我们不能像研究一棵树、一条河流一样，仿佛资本的运行与人毫无关系，如同水总向低处流一样自然而然，无法改变；恰恰相反，资本的每一运行环节、每一种运行方式都不得不与现实的人自身的生活息息相关。因为在马克思看来，资本本质上不过是人的一种特定的社会关系，它构筑了一种独特的经济权力。所有的物件在进入资本逻辑当中时，虽然在其物质形态上没有发生什么变化，但其实在人的眼中，已经不再是它本来的模样了。就如同我刚刚给大家谈起的那台机器，它对于不同身份的人来说，就有不同的内涵。

因此在马克思眼中，对资本的分类并不能完全依赖于对投入资本生产过程中的那些物件的自然属性，相反，对资本的分类更富有价值的是看这个资本与人的关系究竟是什么。虽然马克思在《资本论》第一卷中也讨论过固定资本和流动资本的区分，但对他而言，他更愿意采取所谓"不变资本"与"可变资本"的分类来说明资本在其流转过程中所发生的形态的变化。

在建构这种独特的资本变形记过程中，马克思充分地保持了资本作为一个流转过程的灵动性，因为划分资本为不变资本或者可变资本的关键在于"资本的不同组成部分在资本本身的价值增殖过程中所执行的不同职能"①。比如那些转为生产资料的原材料、辅助材料、劳动资料，在生产过程中不改变自己的价值量，就是马克思所谓的不变资本；而那些转变为劳动力的资本则是可变资本，也就是资本家发给工人的工资——因为这部分工资在劳动力劳动的过程中，不仅迅速值回票价，同时还产生了超出工资的那部分价值。也就是说，不变资本与可变资本的划分需要依赖作为资本的物件，包括变成了商品的劳动力在资本增殖的整个过程当中发挥的不同的功能。

---

① 《马克思恩格斯选集》第 2 卷，人民出版社 2012 年版，第 184 页。

当然，更为重要的是，马克思依赖于这种所谓不变资本与可变资本的划分，充分体现出了人被卷入资本逻辑的现实境遇。活生生的人被转变为一种可被计算的资本，不仅意味着人被彻底的物化，同时人被归入可变资本的资本形态则最为清晰地指认出了劳动者以及与他密不可分的劳动正是资本自我增殖的根本动力。这意味着什么，一个很直接的推论必然是：资本主义的发展正在制造自己的掘墓人。

讲到这里，不知大家是否感受到革命家马克思在书斋中所发动的这场革命的强度。马克思正是借助于不同于古典政治经济学的资本划分方式就触碰到了颠覆资本逻辑的根本支点。资本在此不仅依赖于人的创造，同时更可以被人自身所改造。最广大的劳动者既然是资本增殖的全部动力所在，那么自然也可以是埋葬资本社会的最终推手。

马克思在此，仅仅用另一套概念构筑了不同于古典政治经济学家们的另一个版本的资本变形记，却彰显了对整个资本社会展开批判和颠覆的巨大力量。这一理论的力量，注定将成为颠覆资本的有效利器，它的力量又岂非是维尔诺等只懂得决斗的激进分子所可比拟的呢？

第六章

钢铁侠的诞生与19世纪人们的生活世界

◆ 法国巴黎制糖厂的罢工

马克思的写作方式特点鲜明：他收集材料很翔实，对材料的消化吸收中总能冒出星星火花。但他的写作很缓慢，对文字的打磨近乎苛刻，因此呈现出的文字也是简单有力、文采飞扬。然而一旦展开一个话题，却又会越写越长，以至于最后原本计划只是写几个印张的，最后却成为一个大部头的著作。比如当年与恩格斯合作的《神圣家族》以及 1859 年左右出版的《政治经济学批判。第一分册》，都因为马克思缓慢的写作速度与冗长的论证而最终给人一种未完待续的感觉。马克思的这一写作特质对于要依靠稿费来生活的马克思一家来说无疑是一种灾难：依靠恩格斯等各位好友的接济来等米下锅的生活似乎就成为一家人无法摆脱的命运。更让人无法忍受的是，马克思在 1860 年年初开始与一个叫作卡尔·福格特的德国民主主义者纠缠不清。后者被当时的法国第二帝国的皇帝路易·波拿巴收买，为法国作宣传，在引发了马克思等人对他的批评之后，于 1860 年出版了一本小册子，其中将马克思列入对自己诽谤的源头。马克思竟然为了和这位无聊的小人物打官司耗费了很多宝贵的时间。他甚至放下了正在进行的《资本论》的写作，转而写作一本小册子，专门来回击福格特。但就是在撰写这个小册子的过程中，马克思写作上的老毛病又犯了，一口气又写了 200 多页，让那个计划中的小册子再度变成了大部头，但同时，他多年研究心血所累积的即将出版的《资本论》的写作和修订却因此被推延了一年的时间。

最终，马克思在世之时只详细打磨了《资本论》的第一卷，这一事实与他的这种写作拖延症有着密不可分的关系。当然，《资本论》未能完成的原因不能仅仅归于马克思的这种写作模式，更为重要的是，刚刚蓬勃兴起的资本主义正在以它日新月异的速度为思想家们不断敞开新的问题域。作为一个紧跟时代步伐前进的思想家，马克思也希望能将很多最新的社会发展状况及时纳入他的理论体系当中，赋予它们一种概念化的表达。

正因如此，在马克思的准备资料当中，他总是略显天马行空，将很多最新的社会发展情况陈列出来，比如当时刚刚兴起的大机器生产方式、银行信贷和金融业务等。而对这些材料的消化与加工，因为没有出版的压力，反而透露出更为丰富和犀利的思想表达，精彩论述随处可得。

于是，在近年来国内外研究学界，对马克思《资本论》准备手稿的研究兴趣一直以来都大于正式出版的《资本论》三卷本。特别是 1857—1858 年经济学手稿，更是引发了哲学研究者多维度的阐释。其中有一段关于"固定资本和社会生产的发展"的章节，由于其中所涵盖的对于大机器的讨论与今天人们在资本逻辑下试图展开的技术批判有着高度的契合，因此，这一原本不过是手稿里有关"资本的流通过程"中普通的一个章节，现在被命名为"机器论片段"而得到了当下理论界各位新锐思想家趋之若鹜的追捧。

回到这一经典文本，我们看到，马克思不得不去谈论大机器，只是因为他已经开始触及政治经济学原理当中有关固定资本的问题。但正如我在本书中反复强调的那样，马克思在考察每一个政治经济学概念的时候，所做的第一件事，总是要将这个概念放入人类社会生活的现实情境当中，看看在这个情境当中，这个概念所对应的那些物件会对人的现实生活产生怎样的影响。

在马克思之前，李嘉图也谈论机器，也谈论机器在资本运行过程中被磨损以及这一磨损如何被计入成本的问题。因此它在李嘉图的眼中，也仅仅是辅助快速增殖的客观条件，与人似乎没有什么直接的关联。

但马克思却并不这样看待机器，正如他也不认同对固定资本与流动资本作为划分资本类型的标准一样。因为在马克思看来，李嘉图对资本运行方式的分析实际上类似于实验室中的实验，被研究的对象都处于理想状态之中，一面马克思则走入现实生活之中，于是他看到的是如下事实：资本要真的运转起来，所需要的不仅仅是机器，还需要一个开机器的人。于是，在他看来，构成资本运行诸要素的核心概念是"劳动"。所以一个资本要运转起来，需要三个要素：劳动材料、劳动资料和活劳动。每一个要素当中都包含着一个"劳动"的概念。如果还原到斯密与李嘉图可以听得懂的概念，那么就是资本的运行需要原材料、工具和劳动者。在斯密与李嘉图的眼中，它们都是完成资本增殖的工具。但当马克思为这三个要素都加上"劳动"的时候，他却将资本的生产整个地与人关联了起来。结果是，那被李嘉图视为固定资本的机器，现在却被马克思描写成一个与人无法相容的"钢铁侠"。

下面，我就给大家念几段马克思对于这个"钢铁侠"的描写：

> 加入资本的生产过程以后，劳动资料经历了各种不同形态变化，它的最后的形态是机器，或者更确切些说，是自动的机器体系……这种自动机是由许多机械器官和智能器官组成的，因此，工人自己只是被当作自动的机器体系的有意识的肢体。①

这样的机器与曾经充当劳动者工具的劳动资料截然不同。正如马克思所指出的那样：此前"工人把工具当做器官，通过自己的技能和活动赋予它以灵魂，因此，掌握工具的能力取决于工人的技艺。相反，机器则代替工人而具有技能和力量，它

---

① 《马克思恩格斯全集》第 31 卷，人民出版社 1998 年版，第 90 页。

本身就是能工巧匠，它通过在自身中发生作用的力学规律而具有自己的灵魂，它为了自己不断运转而消费煤炭、机油等（辅助材料），就向工人消费食物一样。只限于一种单纯的抽象活动的工人活动，从一切方面来说都是由机器的运转来决定和调解的，而不是相反"。

由此，"劳动现在仅仅表现为有意识的机件，它以单个的有生命的工人的形式分布在机械体系的许多点上，被包括在机器体系本身的总过程中，劳动自身仅仅是这个体系里的一个环节，这个体系的统一不是存在于活的工人中，而是存在于活的（能动的）机器体系中，这种机器体系同工人的单个的无足轻重的动作相比，在工人面前表现为一个强大的机体"①。

读着马克思的这些文字，不知为什么，机器，在我的眼前，突然变成了一个活生生的怪物。它张牙舞爪地将每个人捉住，放入它钢铁铸就的身躯当中，并在其中迅速将每个人转变成了让这部机器不断增强自身性能的那些零部件、螺丝钉。

---

① 《马克思恩格斯全集》第 31 卷，人民出版社 1998 年版，第 91 页。

机器，这个原本解放劳动力的工具，为什么在马克思的笔下却成了让人的生活变得单调而乏味的根本原因？马克思在对整个"钢铁侠"的描述中，提到了两个关节点，值得我们特别的注意：

其一，马克思看到了大机器刚刚诞生以来人的劳动方式所发生的根本改变。机器，不是传统手工业者手里的工具，原初的那个工具是工人延长的手臂，于是这个工具在谁的手中，就会产生不同的效果。比如在苏州刺绣工场当中，每一个绣女所使用的针、线和绢丝，都是相同的，甚至所绣的花样也是一样的，但最终每一个绣女所绣出的成品，却有着完全不同的韵味和感觉。然而随着纺织机器的诞生，用机器所绣出的成品，虽可能没有瑕疵，却已千篇一律，没有了一点灵气。因此，机器时代，人反而成为机器延长的手臂，我们每个人不过是在完成机器规定我们去完成的动作。

其二，马克思在运用机器的现实当中看到了运用机器的未来。机器将劳动过程进行了分解，促使了分工的进一步发展。而机器所实现的分工"把工人的操作转变成机械的操作"，这一工作状态对人的生活的改变是直至卓别林在 1936 年上映的

《摩登时代》当中才被自觉地彰显出来。而这部电影距离马克思写作机器章片段之时已几近百年。当然，同时顺藤摸瓜沿着这一逻辑走下来，敏锐的马克思还进一步指出："达到一定地步，机器就会代替工人。"①

在人工智能迅猛发展的今天，我们是否已经清晰地感受到了马克思这一寓言的准确性呢？被马克思称为自动机的机器体系转变为各种技术运行模式，不仅规定着我们的生活方式，而且还全面替代着人的各种劳动：先是体力劳动的替代，而后则是脑力劳动的替代。相信在"阿尔法狗"打败人类围棋棋手的那一天，很多人都感到了一种极为真切的威胁，这一威胁不再是来自另一个人，而是来自一架毫无温度的机器。我一直在好奇，如果马克思看到今天的这个场景，他又会说些什么呢？

我想，马克思不会得意于自己在一个世纪之前就预言到了这一点，而是会更具紧迫感的以理论的方式去探寻这一威胁背后的根本原因所在。正如他在这篇"机器章片段"当中所做的

---

① 《马克思恩格斯全集》第 31 卷，人民出版社 1998 年版，第 99 页。

那样。马克思是这样来概括机器介入了资本运行之后的生产方式：

> 这里已经不再是工人把改变了形态的自然物作为中间环节放在自己和对象之间；而是工人把由他改变为工业过程的自然过程作为中介放在自己和被他支配的无机自然界之间。工人不再是生产过程的主要作用者，而是站在生产过程的旁边。①

　　我承认，在这段表述中，马克思那德国哲学家的思辨语言又一次占据了上风，因此，原本不过是对大机器生产条件下人的生存的一段描述，却被马克思说得这么拗口。其实，这里要说明的道理并不复杂，或许我们重新采用马克思早在 1844 年的时候所谈到的异化劳动，似乎更能理解此刻马克思所试图描述的这个状态。尽管晚期马克思不再使用诸如"异化"这样的充满人道主义内涵的哲学表达方式，但在他对有关机器的描述当中却将异化，这个原本抽象的哲学概念呈现的活灵活现。人在这个庞大的机器"钢铁侠"面前丧失了劳动本应有的能动性。

---

① 《马克思恩格斯全集》第 31 卷，人民出版社 1998 年版，第 100 页。

在资本主义工厂中工作的工人，每天的劳动结果不仅不能归于自己，而且自己的劳动过程也被分解得支离破碎。站在流水线旁的制衣工，他每天的工作可能只是为一件衣服安上一个纽扣，这不仅让他的工作变得单调乏味，而且让他对于劳动成品的质量漠不关心。因为这件衣服与他的劳动毫无关系。

站在机器旁边的人，成为马克思为 19 世纪工厂当中工人生活所勾勒的一副典型肖像。这一肖像具有跨越时空的穿透力，成为我们反观资本世界人的现实生活的一个典型形象。时至今日，当人们已经走出了轰隆隆的工厂，走入了安静整洁、四季如春的写字楼，是否就已经不再是那个站在机器旁边的人了呢？对于每天面对着屏幕，依赖于手指在键盘上的飞舞，去操控一个无形的自动化机器的运转而参与到整个社会的经济运行当中的人们来说，他们又在何种意义上逃离了那个站在机器旁边的人所特有的生存境遇了呢？

未来还未到来，对抗资本的努力还需继续。

第七章

发现『剩余』

◆《伦敦笔记》第Ⅳ笔记本中的一页手稿

晚年的马克思写作《资本论》的目的并不仅仅是为了修补和追问几个古典政治经济学的概念或命题推演的合法性。更为关键的是，他要揭露这个在古典政治经济学家眼中作为客观财富积累的资本为何能够成为吸人血汗的吸血鬼。为了揭露这一点，马克思与古典政治经济学家们在关于何为"资本"的问题上产生了根本的分歧。

例如在亚当·斯密看来，资本就是"一定量的积蓄和储存的劳动"，而在大卫·李嘉图看来，"资本是一国财富中用于生产的部分，由进行劳动所必需的食物、衣服、工具、原料、机器等组成"。面对这两位古典政治经济学家的前辈，马克思一针见血地指出他们的资本概念中，只见物不见人。在他们眼里资本就是一堆用以生产的物件，即便在斯密那里，劳动已经作为资本的主体性本质被提出来了，但也只是作为一种生产要素，斯密并不关注进行这一劳动的劳动者在这种资本生产关系当中将会发生怎样的变化。而后一点，却构成了马克思进行经济学研究的全部动力。因为资本在马克思这里，从来都是一种特定的权力关系，并由此构筑了一个特殊的社会关系。对此，我已经不止一次地给大家提到了。

于是在资本逻辑所支配的生产之下，机器的运用带来的是人的主体性的丧失，人变成仅仅为了推动资本生产才有价值的劳动者。于是机器的运用竟然开始与作为劳动者的工人产生了竞争关系，这在前资本时代是无法想象的。试想，有哪一位裁缝会认为自己手中的剪刀会夺走自己的饭碗。因此资本时代的机器从来不能仅仅作为一种生产工具而被计算到资本运行当中；相反，因为机器的加入，将促使资本以特定的方式来构筑一种权力关系。

正是这一大机器的生产方式，让马克思近乎以直观的方式发现了一种能够揭示资本主义统治秘密的核心概念，那就是

"剩余"的产生。为什么谈论"剩余",却可能揭露出一个人对另一个人的统治关系?如果你对此心存疑问,那么我想提请你回想一下在你学习马克思主义政治经济学中最常被提到一个概念,那就是"剩余价值"。恩格斯将对这一概念的提出视为马克思一生的两大重要贡献之一,它的理论价值可以与马克思的唯物历史观相并列。道理并不复杂,因为正是依赖于对剩余价值的解释,马克思不仅发现了资本增殖的秘密,而且告诉我们资本家其实对于这一秘密早已了然于心。

因为没有直观到"剩余"这一事实,也无法形成有关于"剩余"的任何概念,导致了所有那些主张劳动价值论的古典政治经济家们对价值的增殖略感困惑:为什么资本家按照工人的劳动时间支付给工人的工资,为生产原材料支付相应的费用之后,却能在生产过后有所剩余?预付的资本为什么会少于卖出产品的价格?但马克思却对此看得一清二楚。其中的关键点在于,那个可以不断创造新价值的劳动力自身却成为一个商品,它以某个相对固定的价格一次性地被资本家购买——这个相对固定的价格就是资本家付给工人的工资,但在资本家使用劳动力这一特定商品的时候,劳动力却用了例如一个上午的劳动就创造了与自身工资相等同的价值量。于是整个下午,劳动力的劳动所创造的价值则成为资本生产过程中一种剩余，马克思将其称为剩余价值，而正是这个剩余价值构成了价值增殖的全部秘密所在。

剩余，这个概念被提出了。在我看来，这个概念充满着讽刺和调侃。假设我是一个资本家工厂里工作的工人，我一天的劳动一定是完整而连续的，怎么可能有一段劳动是有用的劳动，另一段劳动是剩余劳动呢？所谓的剩余，一定是相对的概念。因为谈到剩余，我们总会说，相对于什么而言价值是剩余价值呢？如果这样追问下去，我们必然会发现，所谓的有用，所谓的剩余，其实都是马克思按照资本家的逻辑而构筑的一个说法。因为资本家作为资本的人格化，在他的头脑当中，所有一切都必须在有价值的意义上才有存在的必要。而所有有价值的存在都只能是在能否促进资本增殖的意义上来说才是可能的。所以在资本逻辑的统治下，产生了所谓的有用；也因此相对于有用而言，产生了剩余。

因此剩余价值是站在成为劳动力的工人立场上，却是按照资本逻辑的思维方式来言说的一个奇特的概念。在这个被剩余下来的价值当中，马克思告诉工人阶级，你们看似完整的劳动中，在资本家的眼里却总是包含着两个部分：一部分是支付给你的有用劳动的工资，另一部分则是被你创造出的相对于有用劳动而言被剩余下来的价值，而这一部分价值则被资本家无偿占有了；于是你与资本家之间的利益冲突就变成了不可调和的了，因为在产品卖出价格不变的情况下，资本家支付给你越多，那么他留给自己想占有的"剩余"就越少，资本增殖的数量就会越少。如果你是资本家，你会怎么做呢？

做法当然有很多，比如增加工人的工作时间，在一个相对固定的工资水平下，工人工作时间越长，剩余给资本家的价值就越多了。资本主义在它发展的初期，大约都是这样做的。于是马克思在《资本论》当中，开辟专门的章节来讨论自 14 世纪中直至其生活的 19 世纪中叶关于延长工作日各种强制性法律，以及争取正常工作日的斗争。[①] 这一讨论正是发生在有关绝对剩余价值的生产的讨论中，两个部分之间的讨论衔接紧密，毫无违和感。其原因正在于工作日的延长所体现出的正是资本家对于剩余价值的无限欲求，而这种无限欲求却同时是工人被无限压榨和剥削的根源所在。因为剩余价值概念的存在，

---

① 参见《资本论》（节选本），人民出版社 2018 年版，第 118—122 页。

看似仅仅隶属于经济学的资本积累的问题被直接转变为工人反抗资本家的斗争方式的政治问题。

但随着科学技术的发展,马克思所谓的"机器"体系自动化程度越高,工人似乎在较短的时间内就能完成之前在较长时间内才能创造的价值,那么这是否意味着工人可以摆脱这个"剩余"概念对自己的剥削呢?马克思的回答当然是否定的。因为对他而言,正是因为亲身经历大机器生产时代的到来,马克思反而以近乎直观的方式看到了那个"剩余"的产生,这个剩余,不仅意味着价值的剩余,同时还有劳动的剩余,以及人口的剩余。而所有这些剩余,都是围绕着机器的诞生而诞生。

比如马克思看到,在自动化的机器体系得到最大程度的推广和运用之时,其所带来的一个直接的结果是,"社会的生产力是用固定资本来衡量的,它以物的形式存在于固定资本中"①,这意味着大机器与先进技术的运用正在替换劳动力对价值的创造,即前者成为衡量社会生产力的主导因素。这个时候那个站在机器旁边的工人,却并没有因此而获得自由和解放,

① 《马克思恩格斯全集》第 31 卷,人民出版社 1998 年版,第 93 页。

相反他变成了"过剩人口"。

马克思由此精确地指出:"只要工人的活动不是 [资本的] 需要所要求的,工人便成为多余的了。"①

换句话说,那些不能被剩余价值所剥削的工人自身在资本主义社会中变成了另一种剩余,过剩人口。这个过剩,也即剩余,仍是一个相对的概念,与它相对的是可以有助于资本增殖的雇佣劳动者。与剩余价值一样,马克思提出的这个过剩人口也如一面照妖镜,不仅照出了资本家与工人之间的对抗性关系,同时甚至还照出了在资本逻辑之下,工人与工人之间的对抗性关系。过剩人口的这个剩余如同剩余价值中的那个剩余一样,不断压榨着那些没有被剩余的雇佣劳动者,让他们不敢去与资本家做太多的抗争,因为他们可能随时被辞退,被过剩人口中某一位所替换,自身成为没有生活来源的过剩人口。

因为把握了这个剥削的逻辑,马克思清楚地意识到在资本主义社会之下,机器的运用与工人劳动之间看似荒诞的关系:

① 《马克思恩格斯全集》第 31 卷,人民出版社 1998 年版,第 93 页。

说什么由于资本家利用固定资本（……）使工人的劳动减轻了（相反，资本家利用机器使工人的劳动失去了一切独立性和吸引力），或者使工人劳动的时间缩短了，所以工人就和资本家分享劳动产品了，这种说法是极其荒谬的资产阶级滥调。

相反，只有在机器使工人能够把自己的更大部分时间用来替资本劳动，把自己的更大部分时间当作不属于自己的时间，用更长的时间来替别人劳动的情况下，资本才采用机器。①

所以资本家不断投入资金去进行机器与技术的研发，并不是为了减轻劳动者的工作负担，而是为了尽一切可能让劳动者可以进行更多的剩余劳动的劳作，以生产更多的剩余价值。

因此采用机器和发展科学技术，对于资本家来说，也并不是为了解决劳动力短缺的问题。而这往往是广泛采取机器之后，人们最直观的一个感受，好像劳动并不需要特别多的人参与了。但实际上，马克思在机器体系刚刚开始普及的时候就指

① 《马克思恩格斯全集》第 31 卷，人民出版社 1998 年版，第 96 页。

出了机器与劳动力聚集之间看似让人费解的一个关系：

> 只有使用大量工人，机器体系才能发生作用，而对资本来说，工人的积聚，正如我们看到的，是资本的历史前提之一。机器体系的出现，不是为了弥补劳动力的不足，而是为了把现有的大量劳动力压缩到必要的限度。只有在劳动力能力大量存在的地方，机器体系才会出现。[①]

这个吊诡逻辑的关键在于资本主义初期的机器不仅带来了大量劳动力的聚集，同时还将劳动能力压缩到必要的程度，这就如同卓别林在《摩登时代》中扮演的那个只知道拧螺帽的工人，他的全部劳动的必要性只有这一个动作。他看似省去了很多不必要的动作，却也形成了工人劳动的绝对单一化。

由此可见，广泛的机器运用，不仅没有减轻劳动者的劳动，而且从根本上让人成为单向度的人，增加了人的剩余劳动，从而加深了工人被剥削的程度。同时，为生产出大量的过剩人口提供了现实的条件，从而让被剥削的工人越发敢怒不

[①] 《马克思恩格斯全集》第 31 卷，人民出版社 1998 年版，第 97 页。

敢言。

　　这就是大机器时代资本生产方式给劳动者带来的所有创伤。它制造了种种剩余，这些剩余构成了资本实行剥削的有效方式。因此，当马克思在他的经济学研究当中发现了这一剩余，并借此创造了一系列与剩余有关的概念群，如剩余价值、过剩人口、剩余劳动等，他也就以一种独特的理论方式触及了资本剥削的本质规定。

第八章

一段关于『唯物史观』的经典表述

|III| Vorwort.

———

Ich betrachte das System der bürgerlichen Oekonomie in dieser Reihenfolge: *Kapital, Grundeigenthum, Lohnarbeit; Staat, auswärtiger Handel, Weltmarkt.* Unter den drei ersten Rubriken untersuche ich die ökonomischen Lebensbedingungen der drei großen Klassen, worin die moderne bürgerliche Gesellschaft zerfällt; der Zusammenhang der drei andern Rubriken springt in die Augen. Die erste Abtheilung des ersten Buchs, das vom Kapital handelt, besteht aus folgenden Kapiteln: 1) die Waare; 2) das Geld oder die einfache Cirkulation; 3) das Kapital im Allgemeinen. Die zwei ersten Kapitel bilden den Inhalt des vorliegenden Heftes. Das Gesammtmaterial liegt vor mir in Form von Monographien, die in weit aus einander liegenden Perioden zu eigner Selbstverständigung, nicht für den Druck niedergeschrieben wurden, und deren zusammenhängende Verarbeitung nach dem angegebenen Plan von äußern Umständen abhängen wird.

Eine allgemeine Einleitung, die ich hingeworfen hatte, unterdrücke ich, weil mir bei näherem Nachdenken jede Vorwegnahme erst zu beweisender Resultate störend scheint, und der Leser, der mir überhaupt folgen will, sich entschließen muß, von dem Einzelnen zum Allgemeinen aufzusteigen. Einige Andeutungen über den Gang meiner eignen politisch-ökonomischen Studien mögen dagegen hier am Platz scheinen.

Mein Fachstudium war das der Jurisprudenz, die ich jedoch nur als untergeordnete Disciplin neben Philosophie und Geschichte ||IV| betrieb. Im Jahr 1842—43, als Redakteur der „Rheinischen Zeitung", kam ich zuerst in die Verlegenheit über sogenannte materielle Interessen mitsprechen zu müssen. Die Verhandlungen des Rheinischen Landtags über Holzdiebstahl und Parzellirung des Grundeigenthums, die amtliche Polemik, die Herr von Schaper, damals Oberpräsident der Rheinprovinz, mit der Rheinischen Zeitung über die Zustände der Moselbauern eröffnete, Debatten endlich über

◆《〈政治经济学批判〉序言》

1863 年 4 月，45 岁的马克思在写作《资本论》之余，又翻出了恩格斯青年时代所撰写的《英国工人阶级状况》来读，这本书对曾经沉迷在哲学研究当中的青年马克思起到了醍醐灌顶的作用。如今，身处伦敦的马克思，每天亲眼观察着英国社会发展状况，阅读着每条"报纸趣闻"，越发感叹恩格斯当年用理论去把握现时代时其思想所具有的巨大穿透力。

于是，在 4 月 9 日给恩格斯的信中，马克思不禁感慨万千：

重读了你的这一著作，我惋惜地感到，我们渐渐老了。而这本书写得多么清新、热情和富于大胆的预料，没有学术上和科学上的疑虑！连认为明天或后天就会亲眼看到历史结局的那种幻想，也给了整个作品以热情和乐观的色彩，与此相比，后来的"灰暗的色调"就显得令人极不愉快。①

进入不惑之年的马克思，其时正值壮年，但残酷的斗争经验与困苦的生活经历似乎让两个人过早地进入了思想的成熟期，以至于此刻正沉浸在深沉理论思考当中的马克思，言语之间竟然透出了对逝去韶华的无奈哀叹。

但伴随一个思想家怀古伤今而来的，总会是更为冷静的自我反省。当马克思哀叹于韶华易逝之际，他其实已经用一个小小的思想自传完成了对这一终将逝去的青春的致辞。尽管对于马克思而言，这个思想传记并非有意为之，但却实际上成为我们再度重温马克思之所以成为马克思的最好的也是最为直接的文献佐证。

这个被我称为马克思思想自传的文本其实不过是马克思出

① 《马克思恩格斯文集》第 10 卷，人民出版社 2009 年版，第 203 页。

版于 1859 年的《政治经济学批判。第一分册》的序言。因为
这部著作的出版是已处于困顿中的马克思不得已而为之的结
果，因此尽管它是马克思近乎 15 年研究政治经济学的一个阶
段性成果，却不仅在内容上是残缺的，同时在语言上也略显晦
涩，整个理论的架构还明显处于生成变化当中。

据说当马克思将这部著作的纲要寄给恩格斯征求意见的时
候，恩格斯的回复是："整个纲要的确非常抽象"，这意味着恩
格斯没有看到他想看到的东西。因为对于两位革命家而言，所
有研究的最终本质在于唤醒最广大人民群众对于一个时代的理
解，因此理论的通俗易懂应该是恩格斯的基本期待。但现在摆
在面前的这部著作的纲要似乎连恩格斯都觉得有点抽象，这对
于马克思来说，可能是一个不小的打击，以至于燕妮回复恩格
斯说，收到这样的反馈，"卡尔已经有了一个星期病得根本不
能动笔"[1]。然而到了 1859 年对已成型的这部政治经济学批判进
行颠覆性的修改，显然已经不现实了。

---

[1] [美] 玛丽·加布里埃尔：《爱与资本：马克思的家事》，湖南人民出版社
2018 年版，第 242 页。

我猜想，不知是否因为有了恩格斯的这个预先评价，最终让马克思在这部略显晦涩的专著前面加上了一段描述相对轻松、理论表述又极为清晰的序言。

在这部序言的开始，马克思首先交代了自己对资本主义经济制度展开研究的顺序，也就是我在此前已经反复给大家讲过的马克思计划写作的那六个章节：资本、土地所有制、雇佣劳动、国家、对外贸易、世界市场。而且前三项的研究，所针对的不过是资产阶级社会的三大阶级的经济生活条件。而在这部出版于 1859 年的《政治经济学批判。第一分册》中，马克思完成的仅仅是"资本一般"的相关讨论，也就是说，仅是有关资本的构成，也即货币和商品的一些规定与它们的生成演化就已经占据了巨大的篇幅，马克思还没有谈到资本本身，这本书的容量已经严重超标了。

所以马克思在这篇序言的开始，不得不如同连续剧的预告一般，提前给大家"交底"，眼前呈现的这部作品只能算是他的系列作品的第一季，他为此已经积累了很多的材料。这些材料足以支撑这部著作后续的精彩。今天的我们，对于这一点毫不怀疑，因为他的《经济学手稿（1857—1858 年）》已经完整地呈现在我们面前，但可惜的是，当时的人们却看不到。

于是马克思似乎为了避免大家被他晦涩的理论表述吓跑，在序言当中话锋一转，从严肃的理论框架的搭建突然转向了他自身成长经历的一个回顾。马克思由此带领我们第一次走入了他的内心世界，去探寻支撑他进行不懈理论探索的根本动力所在。

在这里，我们与青年马克思再度相遇了。

马克思告诉我们，他虽然原本是学法律的，却总是将法律视为哲学与历史之间的一个辅助性的学科来研究。而激发他进行哲学研究的全部的问题意识，却又源于在1842—1843年他在《莱茵报》期间"第一次遇到要对所谓物质利益发表意见的难事"[①]。这个问题意识很不哲学，很接地气，它从根本上决定了马克思哲学的基本属性，并最终让马克思对经济学的研究变成了一个无可逃避的命运。不是吗？当马克思说"关于自由贸易和保护关税的辩论，是促使我去研究经济问题的最初动因"的时候，他所指的是一个还不到26岁的马克思。

① 《马克思恩格斯文集》第2卷，人民出版社2009年版，第588页。

只是尽管有了研究经济学的最初动因，26 岁的马克思也还是先绕道哲学领域当中去进行对黑格尔法哲学的批判研究；而这一绕道而行，在 45 岁的马克思看来，却是帮助他走向政治经济学研究的一个必要环节。因为正是从对黑格尔哲学中法、国家和市民社会的批判当中，马克思发现决定法的关系的根本只能源于 "物质的生活关系"，这一生活关系被黑格尔称为市民社会，"而对市民社会的解剖应该到政治经济学中去寻找" [①]。

这就是 45 岁的马克思以回溯思索的方式对他前半生的研究轨迹所做的一个简单概述。在这个概述中，我发现，此前我和大家一起读的各个文本，在马克思的眼中似乎都只是为了他最后进行全面的政治经济学批判研究所做的准备。尽管这种概述难免带有着所有这类从后思索的做法的通病（那就是可能会用一条主观的逻辑主干掩盖其他各种那些原本旁逸斜出的枝杈）：比如那个热爱古希腊哲学与艺术的马克思不见了，再比如那个喜欢批判思辨哲学的哲学家马克思也不见了。我们只看到了一个执着于从各种途径进行经济学研究的马克思。但这个马克思却成了此刻 45 岁的马克思脑海中对自己形象的全部

---

① 《马克思恩格斯全集》第 31 卷，人民出版社 1998 年版，第 412 页。

描画。

马克思现在只是一个研究经济学的马克思。因为此刻的他，经过欧洲革命的洗礼，忍受生活贫困的侵扰，却最终找到了他从青年时代就已经逐渐形成的那个问题意识的全部答案。

如果让我来概括一下主导马克思哲学的问题意识究竟是什么，我想做这样一个回答：主导马克思进行理论研究的问题意识在于他对现代以物质利益为轴心的资本主义社会基本架构的理解和把握，并将这一理论和把握视为是颠覆这一资本主义社会的革命行动的理论前提。

对应于这一问题意识，马克思构筑了独属于他的唯物史观。而有关这一唯物史观的基本内容，我们曾以各种方式加以讨论过，但却从未能达到马克思自己表述的那种精确程度。而正是这段文字成就了马克思哲学发展史上教科书般的唯物史观的经典表述：

在此，我将分三个部分来给大家展示：

第一部分。马克思这样说：

> 我所得到的、并且一经得到就用于指导我的研究工作的总的结果，可以简要地表述如下：人们在自己生活的社会生产中发生一定的、必然的、不以他们的意志为转移的关系，即同他们的物质生产力的一定发展阶段相适合的生产关系。这些生产关系的总和构成社会的经济结构，即有法律的和政治的上层建筑竖立其上并有一定的社会意识形式与之相适应的现实基础。物质生活的生产方式制约着整个社会生活、政治生活和精神生活的过程。不是人们的意识决定人们的存在，相反，是人们的社会存在决定人们的意识。①

在这一部分中，马克思为我们搭建了一个现代社会的理论大厦。大家可以和我一起来想象一下，这个大厦的地基，是一个由物质生产力与生产关系所共同构筑的社会经济结构。正是在这个结构框架之上，人们开始为这个建筑添砖加瓦——这些砖瓦正是那些法律的、政治的、文化的各种社会意识。在此，马克思唯物史观的一个核心观点呼之欲出：并不是人的意识决

---

① 《马克思恩格斯全集》第 31 卷，人民出版社 1998 年版，第 412 页。

定人们的存在,而是人们的社会存在决定人们的意识。这个道理也不复杂。在一个大楼的建设过程中,地基打成什么样子,显然直接决定了在此地基之上的楼会盖成什么样子。我们不可能在一个只能承载五六层楼的地基之上去构筑一个 100 层的高楼大厦,也不可能在只能承受砖瓦结构的地基之上试图建立一个钢筋水泥构筑的摩天大楼。

当然这种结构与上层建筑不相适应的情境在人类历史发展过程中却总是会存在。毕竟随着人类物质生产能力的提高,我们的确开始试图采用更新的材料去盖房子,那么此刻地基是否还能保持原样呢?正是针对这个问题,我们需要进入马克思这段经典表述的第二部分。

第二部分。马克思这样说:

> 社会的物质生产力发展到一定阶段,便同它们一直在其中运动的现存生产关系或财产关系(这只是生产关系的法律用语)发生矛盾。于是这些关系便由生产力的发展形式变成生产力的桎梏。那时社会革命的时代就到来了。随着经济基础的变更,全部庞大的上层建筑也或慢或快地发

生变革。……我们判断一个人不能以他对自己的看法为根据，同样，我们判断这样一个变革时代也不能以它的意识为根据；相反，这个意识必须从物质生活的矛盾中，从社会生产力和生产关系之间的现存冲突中去解释。无论哪一个社会形态，在它所能容纳的全部生产力发挥出来以前，是决不会灭亡的；而新的更高的生产关系，在它的物质存在条件在旧社会的胎胞里成熟以前，是决不会出现的。所以人类始终只提出自己能够解决的任务，因为只要仔细考察就可以发现，任务本身，只有在解决它的物质条件已经存在或者至少是在生成过程中的时候，才会产生。[①]

如果说这段经典表述的第一部分可以被概括为唯物史观的建构性部分，那么刚刚给大家念出的第二部分则是唯物史观的革命性部分。它所讨论的是处于社会变革的关键期时，与之相关的生产力、生产关系与上层建筑都各自会如何发生变化。在此，我需要提醒大家注意的是：此刻思想已成熟了的马克思在讨论社会变革的时候表现出了一种极度的冷静，这意味着他总是强调任何变革，都需要归根到底依赖于物质生产条件的变

---

① 《马克思恩格斯全集》第 31 卷，人民出版社 1998 年版，第 412—413 页。

化，当这一物质生产条件的变革还未能彻底完成之前，任何主观上的革命行动其实都注定会是一次失败的盲动。这是晚年马克思从事经济学研究所产生的一个重要转变。此刻，在我们眼前站着的不再是那个随时准备走上街头去闹革命的毛头小伙，而是一个沉着冷静的革命导师，他设想的每一次革命行动都需要对这一行动得以产生的全部可能性条件进行详细的推演。

但或许你会担心，这样一个冷静而沉着的马克思是不是已经放弃了改变世界的冲动，这个担心完全没有必要。因为就在这一段经典表述的最后一部分，我将向大家展示的正是马克思再一次充满信心地为我们指出：尽管资本主义貌似很强大，并在相当一段时间里显得很合理，但这一社会终究也不过是人类历史长河中的一个环节，并且是真正的人类社会的史前史阶段。

第三部分。马克思这样高屋建瓴地告诉我们：

大体说来，亚细亚的、古代的、封建的和现代资产阶级的生产方式可以看做是经济的社会形态演进的几个时代。资产阶级的生产关系是社会生产过程的最后一个对抗形式，这里所说的对抗，不是指个人的对抗，而是指从个人的社会生

活条件中生长出来的对抗；但是，在资产阶级社会的胎胞里
发展的生产力，同时又创造着解决这种对抗的物质条件。因
此人类社会的史前时期就以这种社会形态而告终了。①

读到这里，大家是否看清楚了呢？在这段有关唯物史观的
经典表述中，马克思不仅勾勒了我们人类社会的建构方式，而
且还指出了我们人类社会的变革方式。同时更为重要的是，他
还为我们整个人类社会历史发展的演进做出了一个整体规划
图：在其中，资本主义社会被马克思拿出来做了最为精致的描
画、最为彻底的批判——因为在马克思看来，这个社会将是我
们人类社会走向一个和谐、无纷争的社会的最后一个阶梯。一
旦我们登上了这个阶梯，我们也就如同登上了珠峰，人类社会
恢宏而灿烂的风景就此将在我们眼前真正展开了。

这就是马克思唯物史观的全部内涵。大家感觉如何，是不
是说得很清楚了呢？

---

① 《马克思恩格斯全集》第 31 卷，人民出版社 1998 年版，第 413 页。

第九章

令人战栗的辩证法

——《资本论》之一

◆ 马克思赠给达尔文的《资本论》第 1 卷德文第 2 版，上面有马克思的亲笔题词：
"赠给查理·达尔文先生。您真诚的钦慕者卡尔·马克思。1873 年 6 月 16 日于
伦敦梅特公园路摩德纳别墅 1 号。"

　　1867 年 4 月 30 日，马克思在一封给朋友的信中终于预告了第一卷《资本论》几个星期后将在汉堡的奥拓·迈斯纳出版社出版。实际上这部划时代的巨著真正的出版时间是 1867 年 9 月，但马克思在谈到这部著作的出版所留下的文字，我们读起来却并不是轻松和欣喜的；相反，马克思近乎带着一种向死而生的悲壮，大约因为他糟糕的身体状况，让还不到 50 岁的他，却开始害怕自己不能完成著作就要离开人世——而正是在这种"怕"当中，我读出的全然不是对个人生命的眷恋，而是一种肩负为整个人类造福的历史使命的沉重。

　　马克思说：

为了它，我已经牺牲了我的健康、幸福和家庭。……我嘲笑那些所谓"实际的"人和他们的聪明，如果一个人愿意变成一头牛，那他当然可以不管人类的痛苦，而只顾自己身上的皮。但是如果我没有全部完成我的这部书（至少是写成草稿）就死去的话，那我的确会认为自己是不实际的。①

虽然马克思在有生之年未能见到《资本论》的全部出版，但他真的完成了基础的草稿。并且在马克思认真校订出版的《资本论》第一卷中，他也已经为这部宏伟巨著定了基调。这个基调，需要再次强调给大家，那就是《资本论》及其手稿对于政治经济学的研究从来不是为了单纯搞清楚一些经济学的基本原理，马克思在此要构筑一种能够揭示现代资本主义社会演化逻辑中自我颠覆的理论图景，因此它注定是一种包含着特定政治立场的哲学著作，同时也是一部带有强烈实践指向的著作：正是这部著作，为处于资本主义社会压迫中的人们指明了现实革命契机的可能性条件。

因此《资本论》本质上是一部刺痛资本世界的利剑，它的

---

① 《马克思恩格斯文集》第 10 卷，人民出版社 2009 年版，第 253 页。

出版让原本被资本包裹得严严实实的世界出现了一道巨大的裂缝。自然，在马克思《资本论》出版之后很长一段时间里，一些被马克思称为庸俗政治经济学家们的全部任务就是攻击《资本论》，想办法重新编制一套貌似科学的外衣，以便掩盖被马克思已经揭穿了的资本的秘密。但这或许从另一个侧面说明了马克思《资本论》的成功：一方面，它并没有被那些资产阶级政治经济学家们认作同类的经济学著作；另一方面，它运用着资产阶级政治经济学家们的概念和命题，却让这些资产阶级理论家感到了害怕，这种恐惧不仅是真实的，而且也是马克思认为他的理论理应让他们产生的一种情绪。

我其实已经不止一次地为大家展示出马克思这一经济学理论自身所具有的直击现实的力量，但无论如何我的阐释都不及马克思为《资本论》所撰写的那篇序言和跋更能直接地表达此种力量。

这两篇小文收录在今天大家读到的《资本论》第一卷的开篇，它们分别是 1867 年《资本论》刚刚出版之际所撰写的序言和 1872 年第二版《资本论》出版之际所撰写的跋。这两篇文献短小精悍，却将资本论研究的主旨、立意和方法说得清清楚楚。其中与现实资本社会相对抗的斗争气息扑面而来。

这种斗争气息的产生，在我看来，有两个直接的来源：

其一，马克思将他全部的一般性理论研究还原到它得以产生的活生生的现实生活当中去。在 1867 年第一版序言当中，马克思明确地道说出了本书研究的基本内容："我要在本书研究的，是资本主义生产方式以及和它相适应的生产关系和交换关系。"① 但马克思紧随其后，马上宣布了他的这个看似普泛性的研究对象其实有它特定的"生长地"，那就是 19 世纪的英国。这个特定的国家为马克思审视归纳资本主义的基本特征提供了一个典型案例，它使得马克思有关资本主义的研究立刻脱离了古典政治经济学家们所特有的那种无立足点的纯粹抽象。在那些古典政治经济学家的眼里，资本主义的产生并不是偶然发生在英国一国之内的特殊现象，而是如同一粒种子种在地上注定要发芽一般的自然永存。因此他们的经济学理论就如同纯粹的自然规律一样，这一理论似乎具有客观的真理性，因而潜在的，资本主义的统治也如同自然规律一样，具有了永恒性。但

_____

① 《资本论》(节选本)，人民出版社 2018 年版，第 4 页。

实际上，古典政治经济学家的理论没有触动和改变现实的任何可能性，它总是高高在上，与现实的人毫无半点关系。

马克思对资本主义生产方式的考察却完全不同。他不仅告诉了读者他全部理论的生长地，同时还告诉读者，这一理论所形成的规律正在或者即将左右英国之外的其他欧洲国家。而对于马克思而言，他最为关切的是，他的全部研究对当时的德国会产生怎样的影响。

于是在 1867 的第一版序言中，我们读到的不是一个经济学家马克思对某个理论所给出的概括性说明，而是一个生活在 19 世纪的德国人马克思：他忧心于德国现实发展所遭遇的历史困境，真切地想为当时落后的德国找到一条出路，但却发现作为先进典范的英国以及在其中蓬勃发展起来的资本主义作为德国的未来似乎又太过灰暗。然而，更让马克思焦心的是，这个灰暗的未来，在他的研究当中却似乎变得不可避免。在此，作为落后德国代言人的马克思说出了如下让所有在落后国家中试图寻求现代化的人们感到振聋发聩的呐喊：

在其他一切方面，我们也同西欧大陆所有其他国家一样，不仅苦于资本主义生产的发展，而且苦于资本主义生产的不发展。除了现代的灾难而外，压迫着我们的还有许多遗留下来的灾难，这些灾难的产生，是由于古老的、陈旧的生产方式以及伴随着它们的过时的社会关系和政治关系还在苟延残喘。不仅活人使我们受苦，而且死人也使我们受苦。死人抓住活人！①

我相信，所有中国人都会对这段话感同身受：经历过落后而不得不挨打，拖着沉重的历史包袱同时还想迅速融入现代化的潮流，如今力图在走自己独特道路中规避资本主义可能为我们带来的现实的苦难……我们过去与现在所经历的一切，似乎都已经被马克思所发现、所理解，因此被他如此清晰地表达了。但我却并不想神话马克思，将他塑造成一个理论的先知；恰恰相反，马克思的思想对于现实所具有的这种穿透性，全部源于他时刻将任何既成的理论体系还原到它得以生发的现实历史情景当中的这一独特的研究方法。

其二，马克思的这一独特的理论研究方法给予了他的理论以

---

① 《资本论》（节选本），人民出版社 2018 年版，第 5 页。

刺穿资本世界的锋芒。在马克思 1872 年的"跋"当中，他通过扬弃自己身在其中的德国古典哲学传统，将其概括为一种辩证方法。正是在这篇跋当中，马克思终于进一步清晰地阐发了他对于辩证法的界定，以及他与黑格尔辩证法的根本差异。这个辨析的重要性因此远远超过了它作为马克思政治经济学批判方法的意义，它成为马克思对于自身哲学理论属性的一次直白的表达。

但说到辩证法，我又不得不感叹几句：它与马克思的唯物主义的概念一样，是人们可以完全不知所以然却可以天天挂在嘴边的一个词。大家是不是经常会在日常生活中，听到来自这样的教导：这件事情，我们要辩证地看。但如果你反问一句，究竟什么是辩证法？如何才是辩证地看问题呢？能马上回答出来的人，我想并不会太多。

当然这也不能怪大家不求甚解，因为，辩证法实在是一个极为复杂的概念，即便是如黑格尔与马克思这样的思想大家，虽然已经娴熟地运用着辩证法的表达方式，但要在他们的著作当中找出一个有关辩证法的直接界定，也是很困难的。马克思一直预告自己要写一部有关辩证法的著作，阐明自己与黑格尔辩证法之间的根本区别，但终究也没有拿出来。这一方面或许

是因为马克思的写作拖延症，但另一方面也是辩证法这一问题
自身的复杂性所至。特别是马克思试图要阐发出一种唯物主义
辩证法则更是难上加难。

为什么这么说呢？因为辩证法从其诞生以来就与哲学形而
上学有着直接密切的关系。从辩证法的英文表达上，我们就可
以清晰地发现：dialectics 与 dialogue，亦即对话在构词上的相似
性，因此辩证法在它的原初意义中必然包含着一种对话与观点
的对峙。因此，那个每天游荡在市场上与人争论的苏格拉底，
既是最早的哲学家，也是最初的辩证法的创立者。它让矛盾的
观点出现碰撞和交融，并在此基础上构筑了一种哲学形而上学
表达自身的方式。所以大家要注意了，最初的形而上学就是哲
学的另一个代名词，它总是以讨论世界第一因为己任。因此辩
证法与形而上学并不是从其诞生之日就对立着的方法，这种对
立是在黑格尔哲学之后才被确立下来。在黑格尔那里，辩证法
才似乎成为直面矛盾、主张运动变化的方法，而形而上学才似
乎成为一种相对静态的研究方法。而且在黑格尔那里，辩证法
也并不能完全被剥离出来作为一种方法论来加以讨论，仿佛这
一方法有一套操作守则，学会了，就能辩证地看待问题了。它
至多只能作为一种思维方式，左右着我们思考事物的路径。

马克思是在充分继承和扬弃了黑格尔的辩证法基础之上去谈论那个独属于他的辩证法。因此在这里，最重要的问题是马克思如何将自己与黑格尔的辩证法区分开来。这个区分的工作其实不容易，因为辩证法在黑格尔那里是一个直面概念间的矛盾并运用这一矛盾推进概念自我演进的一种思维方式，它最终成就了一个完成的概念体系。因此，从根本上说，辩证法是在概念体系当中打转的思维方式。但现在马克思却试图构筑一个逃离了抽象概念体系的辩证法，这个工作对一个理论家来说尤其困难：因为马克思用来分析资本主义社会现实的基础元素在《资本论》当中无论如何都是概念，如劳动、价值、资本等，马克思在将它们放入一个叙述体系当中的时候，它们所呈现出来的样子的确"好像是一个先验的结构了"[1]。

因此，当时的资产阶级经济学家们认为马克思在《资本论》中所使用的不过是黑格尔的诡辩术，由此逼迫着马克思不得不站出来，通过将自己的辩证法与黑格尔的辩证法区分开来，以便阐发自己这个貌似先验的结构所内含的现实力量，从而构筑

---

[1] 《资本论》（节选本），人民出版社 2018 年版，第 16 页。

了能够"引起资产阶级及其空论主义的代言人恼怒和恐怖"① 的辩证法。

马克思的区分方式其实很生动：黑格尔的辩证法在马克思这里似乎成了一个神秘水晶球，它拥有着光鲜亮丽的神秘外壳，透过它似乎还能反观过去、呈现未来，正如黑格尔用概念辩证法所构筑的历史哲学。但在马克思看来，这个神秘外壳里却包含着合理的内核，正是在这一合理内核的作用下，辩证法这个神秘水晶球才有了呈现光鲜亮丽外表的光源和磁场。

因此，看穿了黑格尔秘密的马克思以祛魅的手法，去除了水晶球的魔力。

他这样说：

> 我的辩证方法，从根本上来说，不仅和黑格尔的辩证法方法不同，而且和它截然相反。在黑格尔看来，思维过程，即甚至被他在观念这一名称下转化为独立主体的思维

_____
① 《资本论》（节选本），人民出版社 2018 年版，第 17 页。

过程，是现实事物的创造主，而现实事物只是思维过程的外部表现。我的看法则相反，观念的东西不外是移入人的头脑并在人的头脑中改造过的物质的东西而已。①

换言之，那些让辩证法显得神秘莫测的魔力源泉，最终都不过是外部客观世界在人们头脑中的反映而已。

在此，马克思不仅剥去了黑格尔辩证法神秘外壳的光鲜，而且凸显了这个水晶球中那个合理内核的强大力量。马克思坦言：

> 辩证法，在其合理形态上，引起资产阶级及其空论主义的代言人的恼怒和恐怖，因为辩证法在对现存事物的肯定的理解中同时包含对现存事物的否定的理解，即对现存事物必然灭亡的理解；辩证法对每一种既成的形式都是从不断的运动中，因而也是从它的暂时性方面去理解；辩证法不崇拜任何东西，按其本质来说，它是批判的和革命的。②

---

① 《资本论》（节选本），人民出版社 2018 年版，第 16 页。
② 《资本论》（节选本），人民出版社 2018 年版，第 17 页。

正是这个被马克思祛魅后的合理内核，让辩证法成为资产者瑟瑟发抖的理论：曾经在黑格尔哲学中仅仅存在于概念中的那些矛盾对抗，现在成为现实的矛盾和对抗；并且，没有了辩证法那神秘外壳的帮助，这些现实的矛盾和对抗根本是无法在所谓概念的世界里解决的，它们只能以现实危机的方式降落到资本的世界当中，让这个世界中被资本安置完美的秩序发生裂变。这种裂变，在黑格尔的辩证法当中可以用概念的对立统一来加以粉饰和弥补，但在马克思的辩证法中则完全只能诉诸现实的革命。这就是辩证法在马克思和黑格尔那里所呈现出的截然不同的面貌：黑格尔的辩证法将世界变成了一个在水晶球中呈现的梦幻世界，而马克思的辩证法则将现实世界看作是一个大革命即将爆发的前夜。

读到这里，大家是否和我一样，再度确信了这样一件事：马克思的确可以仅仅用概念与命题的推演就可以去刺痛资产阶级的每一根神经，让他们寝食难安。而这，始终都是马克思的哲学所特有的本质属性。

第十章

商品世界的复调式变奏

——《资本论》之二

LE CAPITAL

PAR

KARL MARX

TRADUCTION DE M. J. ROY, ENTIÈREMENT REVISÉE PAR L'AUTEUR

PARIS

ÉDITEURS, MAURICE LACHATRE ET C⁹

38, BOULEVARD DE SEBASTOPOL, 38

◆《资本论》第 1 卷 1872 年法文版扉页

翻开《资本论》第一卷正文的第一页，我们面前的这部鸿篇巨著开篇的第一句话是这样写的：

> 资本主义生产方式占统治地位的社会的财富，表现为"庞大的商品堆积"，单个的商品表现为这种财富的元素形式。因此，我们的研究就从分析商品开始。[①]

我想特别提请大家注意的是，马克思在选择《资本论》研究起点的时候，在商品与货币之间曾反复纠结。现在马克思最

[①] 《马克思恩格斯全集》第 42 卷，人民出版社 2016 年版，第 21 页。

终在被他精心打磨的《资本论》第一卷中下定了决心，要从商品而不是货币开始谈起。这里的原因是复杂的。

一方面，固然是想让广大群众阅读起来觉得更直接而亲切。马克思写作《资本论》是希望唤醒工人阶级的自觉意识，而不是仅仅出于纯粹的理论兴趣。商品，毕竟在人们现实的日常生活当中随处可见。

但另一方面，我们又不得不重视《资本论》的这个起点与其他古典政治经济学家们讨论起点的不同之处。例如，对于斯密和李嘉图来说，研究起点最重要的，理所当然是价值问题。在这一点上甚至对于彻底批判古典政治经济学的边际学派的研究者，如威廉·斯坦利·杰文斯，也同样会将价值问题的讨论放在研究著作的第一页。而马克思在进行准备性手稿的研究之际，也曾将第一章设定为价值章。但最终，马克思在正式出版的《资本论》中却以商品为开端，这个改变，在我看来，很重要。它标志着马克思与其他政治经济学家之间存在着的两个根本的区别：其一，与马克思的经济学研究须臾不可离的，正是人们的日常生活。相比于价值，商品更容易被人们看到。其二，在马克思看来，那些繁杂的经济学概念背后其实是一种权力关系，因此马克思的经济学在本质上是带有政治立场的经济学。

或者，你觉得我仅仅从一个商品起点，就说了这么多，会不会有过度阐释之嫌呢？其实不然。如果你还存有这样的质疑，说明你还没有意识到商品这个概念的复杂性。

不相信吗？那么下面让我来问几个或许在你看来匪夷所思的问题：你真的看得见商品吗？你真的在购买商品吗？或许你会认为我的这个追问很荒诞，下面就让我来解释一下这几个问题的意义所在：

首先，在日常生活中，我们每个人去商店购买的商品总是一个个具体的物件，比如鞋子、衣服、水果、蔬菜……或者如果觉得这个说法还是太抽象，可以这么讲，我们买的实际上是苹果、桃子、大白菜等，相信没有人会说自己去商店是去买一个叫作商品的物件。而且商品也不是诸如水果、蔬菜这样的概念，这些概念都是从多个具体特殊的个体当中抽象出的普遍的共相。比如我们把苹果、桃子、葡萄、西瓜这一类事物统称为水果，在这个水果的抽象当中，我们多少还可以发现一些被抽象为水果的东西所共有的属性和特质，比如它们都是食物当中富含各种维生素的一类，它们都是饭后的辅助食品，等等。

然而"商品"这个概念的抽象，却与"水果"不同，它并不特指这些水果、蔬菜中所包含的任何一种属性，水果、蔬菜都可以帮助人抵御饥饿，但你拿着一个苹果，左看右看，用显微镜看，用 X 光透视，也看不出它为什么是一个商品。商品的属性是有了人：有了人类社会之后才外在附加给一个物件的。如果说苹果、桃子的自然属性可以将它们归结为水果，那么当它们被概括为一个商品的时候，只能说明它进入到了人类社会的交往体系当中。因此商品，所显现出的只能是它们的社会属性。

这个社会属性规定着水果、蔬菜等成为一个可被交换的物件：正是在交换的过程中，它们成为商品；一旦它们被买回家摆上餐桌的时候，有谁会说自己在吃一个商品呢？我们只会说自己在吃苹果、吃葡萄……

所以，商品附加在水果上的属性就是它可被交换的价值。它的本质是一种社会关系，这一社会关系在资本逻辑被普遍化

的世界里体现为价值。所以马克思研究商品，就是抓住了价值
的一个承载物。一个苹果只有在它被标注上一个价格并用于交
换的时候，它才成为一个商品。所以在这一意义上说，马克思
从商品开始讲资本，与那些古典政治经济学家从价值开始讲，
所指是一样的：他们都是想去分析价值。但马克思以商品为起
点，不仅让自己的经济学研究更加贴近人们的日常生活经验，
而且实际上还隐秘地表达了他的经济学的独特性，那就是所有
现实的经济关系背后都有一个实在的物作为承载。换言之，商
品的实在性会要求它首先是一个具体的物件，然后才是一种社
会关系。所以在马克思眼中，商品自身包含着具体和抽象的两
个属性，这两个属性共在着，构成了一种二重性的视角，从而
让他的经济学如同一曲复调式样的变奏，充满着理论的张力。

　　这一张力，我把它概括为具体和抽象之间的辩证张力。马
克思将这一二重化的视角、复调式的变奏编排得灵动而有力，
既可描述当下经济事实，又可用来批判这一经济事实背后的权
力关系。因此这种二重性的分析模式近乎成为马克思展开经济
学概念分析的一种模板。马克思几乎将所有的概念都放入这个
具体和抽象的二重性模式当中来观察，由此得出了与古典政治
经济学很不相同的一些看法。

比如同样是出于对价值问题的关切，马克思因为从商品出发，所以提出了商品的二重性要素，即使用价值和价值。在此，使用价值，作为一个物的有用性的体现，在马克思看来，"决定于商品体的属性，离开了商品体就不存在"①。它就是那个彰显商品实在性的质性层面。同时商品作为一种交换的社会关系，还包含着一种量性的关系，也就是商品的使用价值与另一个使用价值的比例关系，这个比例关系显现为商品的交换价值。

当然，在斯密和李嘉图那里，他们也谈到了使用价值与交换价值的区分。但他们却将这两个要素看作价值的两个不同维度，由此导致使用价值的实在性消失了，它作为彰显商品的质性规定的意义被掩盖了，全然变成了一个抽象价值中的有效性维度。而这个有效性维度同样也是绝对抽象的，它与交换价值在交换比例的量化的抽象没有本质的区别。

而马克思却特别强调了商品是包含着使用价值与价值，而不是使用价值与交换价值的二重性存在。而交换价值，在马克

---

① 《资本论》（节选本），人民出版社 2018 年版，第 19 页。

思这里，不过就是价值的一种表现形式。或许你会质疑，马克思为什么对古典政治经济学做这个改造？因为，如果将使用价值也视为价值的一个维度，那么一切都只能在抽象性上去谈论自身的合法性，这是全然的资本主义社会的内在法则。而经过马克思这个摧毁以往古典政治经济学地基的全新改造，他为批判和逃离商品及其价值理论提供了一种可能性。

马克思要批判和超越这个资本主义的特定思考方式，他需要告诉大家，在现代社会中，一个现实的物件还是能够逃离价值逻辑对它的规定。马克思用使用价值的设定为大家留下了这个可能性的空间。

马克思是这样说的：

一个物可以是使用价值而不是价值。在这个物不是以劳动为中介而对人有用的情况下就是这样。例如，空气、处女地、天然草地、野生林等等。一个物可以有用，而且是人类劳动产品，但不是商品。谁用自己的产品来满足自己的需要，他生产的虽然是使用价值，但不是商品。要生产商品，他不仅要生产使用价值，而且要为别人生产使用价值，即生产社会的使用价值。[①]

马克思的这个指认很重要。在此，使用价值成为内在于商品逻辑，却逃离价值、否定价值的一个要素。它在马克思看来，不是价值有效性的显现，而是逼迫价值走出自身的抽象性规定，去追问一个具体的物件对于一个具体的人而言到底有什么用处。正是在对这种"使用性"的追问当中，仅仅为了抽象的价值所进行的劳动就失去了它毋庸置疑的合法性。举例来说，今天很多人出于个人兴趣而编织的毛衣，手工制作的小椅子、小凳子，虽然完全可以满足一家人的需要，但从来不能以价值逻辑的方式来衡量这些物件存在的意义。这种手工制品由此就成为逃离和否定价值逻辑的一个可能的出口。这就是马克思在商品中构筑具体的使用价值和抽象的价值，这一复调式变奏的最终目的。

与之相应，马克思在政治经济学发展史上首次提出了与商品的二重性相对应的劳动的二重性，即针对于使用价值的生产提出了有用劳动，它凸显了不同类型的劳动：制衣师傅的劳动

---

① 《资本论》（节选本），人民出版社 2018 年版，第 23—24 页。

与菜农的劳动截然不同，作家的劳动与工人的劳动也有本质的区别。在马克思看来，正是因为这些同类的有用劳动的存在产生了当代社会的社会分工体系。①

而与商品的价值相对应的，却是被抽象了的普遍的人类劳动，它被马克思称为抽象劳动。它抛弃了不同劳动方式，而仅将所有的劳动都视为人的脑、肌肉、神经和手的生产消耗。这种消耗是可以做抽象的量化计算的，这种计算依赖于社会平均劳动时间的规定，由此直接决定了一个商品的价值量的大小。

大家注意了，如果说马克思有关于使用价值、价值和交换价值的讨论只能算是他在古典政治经济学家基础上所作出的一点改造，那么将劳动区分为有用劳动和抽象劳动却是独属于马克思的贡献。这个劳动的二重性是从商品的二重性当中推论出来的，因此它同样带有描述和批判资本社会的基本功能。只是一谈到了劳动，这种批判的力度又加大了。劳动，作为人原本富有能动性的客观活动，一旦失去了它的独特的质性的规定，

———————

① 参见《资本论》（节选本），人民出版社 2018 年版，第 25 页。

而仅仅只能在抽象性上确认自身劳动，这本身就意味着对人自身生命的一种异化和否定。试想当一个画家画画的劳动与一个菜农耕种的劳动被抽象为具有不同价值的劳动，那么必然存在着一种评判上的不公正：或者画家的劳动价值远远高于菜农的劳动价值，或者反之。但无论谁比谁高，都是不公平的，它将人与人之间本不可比较的两种活动进行对比，否定了他们生命活动各自的精彩与独特性。

当马克思作出这个抽象劳动和有用劳动的区分的时候，他实际上也是用一种科学的方式向大家彰显了一种鲜明的政治主张：抽象劳动是资本社会对人的有用劳动的一种压抑。有用劳动与抽象劳动的复调式变奏再一次奏响了对资本社会进行批判的主调。这个总是用价值去掩盖使用价值，因此总是试图用抽象劳动去评估、否定有用劳动的体系，注定是压迫人的经济体系：在其中，人独特的丰富的生命活动被否定了，各种物与人之间丰富的关联性也仅仅被抽象为一种有用性的关系。这正是在资本社会中人的生存方式的悲剧性宿命。而对这一宿命的揭示，以及对颠覆这一悲剧性宿命的可能性正蕴含在马克思对资本社会分析的二重性视角当中。

马克思正是用这一复调式变奏谱写了整个"资本论"研究的主调，它成为我们在对《资本论》的阅读中不断回荡耳畔的旋律。

第十一章

会跳舞的桌子

——《资本论》之三

Das Kapital.

Kritik der politischen Oekonomie.

Von

Karl Marx.

Erster Band.

Buch I: Der Produktionsprocess des Kapitals.

Zweite verbesserte Auflage.

Das Recht der Uebersetzung wird vorbehalten.

Hamburg

Verlag von Otto Meissner.

1872.

◆《资本论》第 1 卷 1872 年德文第 2 版扉页

据说 1842 年马克思曾读过一个法国人类学查尔斯·德·布霍斯（Charles de Brosses）所撰写的一部书，名字叫作《神性物恋的崇拜》（*Du culte des dieux fétishes*）[①]。这位人类学家活跃的时间大约在 18 世纪中期，他曾前往当时的南半球去探险，发现了一些原始部落和他们特定的生活方式，回来之后写了一些书。其中除了马克思读到的这本，还包括一本叫作《南半球的航海历史》的专著。在其中，他带着西方人特有的优越感描述了当时流行于这些部落中一种多神教意义上的物神崇拜仪

————————

① 参见 A.M.Lacono, *lefétishisme, Histoire d'un concept*, Presses Uinversitaires de France, 1992, p.50。

式。布霍斯将这种崇拜仪式看作原始人所特有的一种宗教，他给这个宗教构造了一个新词：fétishisme，翻译成中文就是拜物教。

马克思一定对这个拜物教的说法很感兴趣，因为他还在当新闻记者撰写有关于林木盗窃法的新闻报道时，就曾嘲笑那些判定捡枯树枝的穷苦人为盗窃者的莱茵省法案制定者们是一些拜物教徒，言外之意是他们如同原始人一般，将原本没有什么价值的东西视为珍宝。当然马克思在这里用拜物教来形容他们的这个法案并不是说他们真的愚昧，而是讽刺他们对穷苦人的剥削到了一种无所不用其极的地步。

在此，我们需要提请大家特别注意的是，问题的关键在于马克思运用这一拜物教理论所比拟的这个资本主义社会自身的荒诞性通过这样一个类比，被揭示了出来。

1985年，美国人类学家威廉·皮兹（William Pietz）在杂志上连续发表了三篇拜物教研究的文章，在其中他将马克思与当代精神分析大师弗洛伊德并列，视为是开启拜物教研究的两大主要流派。

　　马克思一定曾经梦想过自己可能会成为一个影响后世的哲学家、经济学家、革命家，但他应该没有想到的是，他还可以成为一个人类学中有关拜物教理论研究的开创者。而马克思之所以能够获得如此重要的理论地位，当然不是因为他在早年那篇新闻稿中所做的那个小小的类比，而是源于他在《资本论》第一卷叫作"商品的拜物教性质及其秘密"章节中对拜物教理论所作出的精彩阐释。从此拜物教理论不再仅仅是一个借用人类学概念进行的比喻，它近乎成为马克思为分析现代资本主义社会所提供的一个重要的方法论。

　　现在，就让我们翻开《资本论》的"商品章"，一起来读读这一章节中所包含的精彩内容。

　　马克思在结束了价值形式的讨论之后，一定感到有点担忧，因为价值形式虽然很重要，但的确仍有些空洞而抽象。于是马克思几易其稿，最终决定提出一个"商品拜物教"的章节，将这一章节放置到有关价值形式讨论之后。因为就这一节所涉及的内容而言，其实并没有更多新的理论建构，马克思在此仿佛是一名优秀的老师，发现了自己刚刚讲过的内容给在座的各位学员带来一脸的困惑，于是赶快想出各种案例和故事，尝试用较为生动活泼的表达方式去重新解释一遍他此前已经提到的各种观点和看法。

于是在这一部分当中，我们再一次读到了马克思有关商品所构筑的复调式变奏，同时还包括了价值形式对于商品的塑造过程所产生的重要意义，马克思甚至还再度请出了孤岛上的鲁滨逊来进一步阐发此前被多次提到的古典政治经济学所作出的抽象假定。当然，从不缺乏勇气的马克思还基于自己对于价值形式的充分理解，将理论向未来推进了一大步：他为我们勾勒一个超脱于这种价值形式之外又不能返回到过去的人类社会，最终会长成什么样。

凡此种种都被马克思一股塞进这一章节之中，但囿于篇章所限，我在此只想与大家一起分享马克思有关拜物教理论的相关讨论，在其中，再次重温那个充满玄妙内涵的商品概念。

此前，我已不止一次地提到商品概念所蕴含的这种玄妙：比如，我们如何颠来倒去也看不出，此刻正握在手里的这支笔具有作为商品的那种社会属性。对此，马克思在这一节的开篇就不遗余力地采取各种更为生动的说法反复强调了这一点：

　　最初一看，商品好像是一种简单而平凡的东西。对商品的分析表明，它却是一种很古怪的东西，充满形而上学的微妙和神学的怪诞。……很明显，人通过自己的活动按照对自己有用的方式来改变自然物质的形态。例如，用木头做桌子，木头的形状就改变了。可是桌子还是木头，还是一个普通的可以感觉的物。但是桌子一旦作为商品出现，就转化为一个可感觉而又超感觉的物。它不仅用它的脚站在地上，而且在对其他一切商品的关系上用头倒立着，从它的木脑袋里生出比它自动跳舞还奇怪得多的狂想。①

　　看到这些，不知你是否会被马克思所描画的这张会跳舞的桌子所打动呢？你是否会好奇，在一个机器技术不发达的时代，马克思怎么会想到一张能够自动跳舞的桌子呢？甚至，他会认为商品的玄妙属性竟然比桌子跳舞还有过之而不及。同时，不得不提请大家注意的是，马克思在这段话的结尾处还做了一个注释，更加充满讽刺意味。

　　注释这样说：我们想起了，当世界其他一切地方好像静止

---

① 《资本论（纪念版）》第 1 卷，人民出版社 2018 年版，第 88 页。

的时候，中国和桌子开始跳起舞来，以激励别人。①

通过这一个小小的注释，马克思此刻内心对于革命的向往，再一次不经意间向我们敞开了。这个静止的世界，正是革命家马克思对于 1848 年革命后的欧洲的一种内心感受：此刻的欧洲，它失去的是斗争中的前进，它拥有的是平庸里的静止。于是还算富有生机的，一个是马克思此刻所关注的中国的太平天国运动，另一个则是在讽刺意义上的欧洲贵族老爷们所迷信的让桌子跳舞的降神术。

好了，让我们回到马克思在此时真正关心的商品的神秘性吧。经过了价值形式分析的马克思，可以摆脱那冗长的历史性回顾而直面这个商品的玄妙之处：

> 劳动产品一旦采取商品形式就具有的谜一般的性质究竟是从哪里来的呢？显然是从这种形式本身来的。
>
> ……商品形式的奥秘不过在于：商品形式在人们面前把人们本身劳动的社会性质反映成劳动产品本身的物的性

---

① 《资本论（纪念版）》第 1 卷，人民出版社 2018 年版，第 88 页脚注 25。

质，反映成这些物的天然的社会属性，从而把生产者同总劳动的社会关系反映成存在于生产者之外的物与物之间的社会关系。由于这种转换，劳动产品成了商品，成了可感觉而又超感觉的物或社会的物。……商品形式和它借以得到表现的劳动产品的价值形式，是同劳动产品的物理性质以及由此产生的物的关系完全无关的。这只是人们自己的一定的社会关系，但它在人们面前采取了物与物的关系的虚幻形式。①

提醒大家注意的是，上面这段话，一般被视为马克思商品拜物教理论的经典表述。在此，我将尝试从三个方面给大家做进一步的阐释。

首先，那个"让桌子能够跳起舞来"来的商品的玄妙属性不过是来自商品形式本身，换言之，当一个物件被做出来，不仅是为了满足某个人的某个具体需要，同时还是、甚至主要是为了满足它被交换、被买卖的需要时，这个物件就具有商品形式。在这个形式之下，一个商品在被生产的时候主要是为了一

---

① 《资本论（纪念版）》第 1 卷，人民出版社 2018 年版，第 89—90 页。

种交换价值的生产而不是为了使用价值的生产。

其次，商品形式让桌子拥有神性的方式，就是一种拜物教式的操作。如果你有时间去读一读那本被马克思阅读过的法国人类学家布霍斯的著作，你就会知道，拜物教的信奉者们曾经笃定着这样一个基本的原则，被研究者称为"第一次邂逅"：它的意思是指原始宗教的信奉者总是将他们每天早上出门后所见到的第一个物件视为今天需要崇拜的对象。这个原则实际上告诉了我们，作为方法论的拜物教包含着这样一种操作方式，那就是赋予某个物以它没有的属性，并将这一属性视为是这个物自身天然具有的。比如，远古人类将他早上一出门看到的一条蛇作为一个神圣之物加以膜拜，并认为蛇所具有的神性不是因为他所信奉的"第一次邂逅"的原则，而竟然是以为蛇自身拥有着神的属性，或者至少它自身就是神的化身，等等。

同理，在一个被大量商品堆积所构筑的资本主义时代，人在面对商品的时候也如一个拜物教徒，商品对人们而言充满了魔力。它作为财富的象征，似乎是因为商品自身拥有着某种与它不可分割的物理属性，人们完全没有意识到这种商品的魔力不过是人们为了普遍的交换而构造的一种社会性原则，它与商品的物理属性没有一点关系，因此它所散发的魅力本来不过是由参与普遍交换的人所决定的——但现在这些人们却都不自知地甘愿臣服在商品的脚下，仿佛商品自身拥有着与生俱来的魅力。这就是商品的拜物教。对于这一原则，我们或可做如下更富有理论性的表述：所谓的商品拜物教，其意味着由于商品形式的存在，物与物的关系遮蔽了人与人之间的社会关系。

最后，当马克思以原始的拜物教的这一操作来类比商品形式的神秘性时，他隐含着一种启蒙主义的理念。在原始的拜物教中所谓的"第一次邂逅"的原则，对于深受基督教传统影响的西方人来说实在显得太过草率：这大约是他们谈到拜物教时总是附带着些许轻蔑的原因吧，因为他们会认为原始拜物教徒所特有的这种草率不过是一种理性未成熟状态的显现。马克思在讨论商品拜物教的时候，多多少少也隐含着这样一种未曾言明的评价。在一个普遍依赖于商品的生产和交换而存在的社会当中生活，人们被商品形式所蒙蔽，从而在一个理性如此发达的时代，突然陷入了一种拜物教徒般的生活而不自知。

马克思这样说：

人们使他们的劳动产品彼此当做价值发生关系，不是因为在他们看来这些物只是同种的人类劳动的物质外壳。恰恰相反，他们在交换中使他们的各种产品作为价值彼此相等，也就使他们的各种劳动作为人类劳动而彼此相等。他们没有意识到这一点，但是他们这样做了。①

这是一种行动上的不自觉的"澄明"，以及思想上的不自觉的蒙昧，这种矛盾是马克思对于当时拜物教徒的一种精准表达。因此他的拜物教理论带有着一种显而易见的启蒙意义。有趣的是，今天，距离马克思所发起的这场启蒙运动已经近 200 年，但在现实世界中，我们仍然能看到很多人热衷于对商品占有的追逐，愈演愈烈的依赖于对商品，对作为符号的商品名牌的消费来建立人与人的关系，来证明自身在社会中的地位，人与人的关系至今仍然被遮蔽在物与物的关系之下。如果当时马克思认为身处 19 世纪 70 年代前后的人们陷入商品拜物教是因为没有人告诉他们这一事实，因此陷入了一种有待启蒙的现代蒙昧主义当中，那么我们该如何来面对这个后启蒙时代未曾改变的现实境遇呢？

---

① 《资本论（纪念版）》第 1 卷，人民出版社 2018 年版，第 91 页。

当代著名激进左翼思潮的代表人物齐泽克为了概括现代人的生存境遇，将马克思所说的那句"他们没有意识到这一点，但是他们这样做了"修改为"他们很清楚他们在做什么，但是他们仍然这样做"，并将这一原则视为时至今日商品时代拜物教徒的典型特质，并冠名为"犬儒主义的意识形态"。我认为，齐泽克的这一界定，在某种意义较为准确地概括了今天我们生活的这个特定的历史境遇。

但我们是否只能在做犬儒主义的拜物教徒还是做蒙昧主义的拜物教徒之间做选择呢？在还未到来的未来当中，我们是否有走出摆脱这一拜物教徒的路径呢？这正是我随后一讲要和大家聊的话题。

第十二章

『一个自由人联合体的世界，该长什么样？』
——《资本论》之四

Das Kapital.

Kritik der politischen Oekonomie.

Von

Karl Marx.

Erster Band.

Buch I: Der Produktionsprocess des Kapitals.

Dritte vermehrte Auflage.

Das Recht der Uebersetzung wird vorbehalten

Hamburg
Verlag von Otto Meissner.
1883

◆《资本论》第 1 卷 1883 年德文第 3 版扉页

　　和大家一起谈论马克思为我们勾勒的未来社会，在我们的趣读系列里，已经不是第一次了。但不得不说，马克思在我的脑海中总是一个做的比说的多得多的人。因此在他的思想当中，对现实严谨而扎实的研究，总是多于他对未来的畅想。尽管召唤马克思去进行哲学思考的冲动或许的确来自遥不可及的灿烂星空，但马克思却始终试图让自己的双脚走在坚实的大地之上。有关未来世界将会长成什么样，马克思总是在他展开严密逻辑的间歇，突然间为我们敞开一道门缝，让我们以管中窥豹的方式去观望在马克思心中那片独属于人类解放的净土。

　　在《资本论》"商品章"的末尾，马克思将那些原本属于政治经济学的研究范畴用了一种不那么经济学的方式进行了重述，构成了我最喜欢的一节"商品拜物教的秘密及其性质"。它充满着风趣幽默的表述和比喻。在其中马克思跳出既有的研究思路和框架，不仅竭尽全力地告诉我们在资本逻辑的作用之下，所有现存的物都不得不依赖一种价值形式而转变为商品，同时更为重要的是马克思任由思想插上想象的翅膀，告诉我们，超越这一资本逻辑，没有了商品拜物教的统治，这个社会可能会变成什么样子。

马克思这样告诉我们：资产阶级经济学的各种范畴，"对于这个历史上一定的社会生产方式即商品生产的生产关系来说，这些范畴是有社会效力的，因而是客观的思维形式。因此，一旦我们逃到其他的生产形式中去，商品世界的全部神秘性，在商品生产的基础上笼罩着劳动产品的一切魔法妖术，就立刻消失了"①。

马克思的这段表述，让我突然想起了一部经典的老电影《黑客帝国》。在剧情中，当主人公逃离了由电脑人所构筑的虚

① 《资本论（纪念版）》第 1 卷，人民出版社 2018 年版，第 93 页。

幻世界，看到一个真实世界的时候，发现之前他徜徉其中的那高楼大厦、那繁华景象在真实当中不过是一片荒芜。这一场景曾让我感到一种巨大的恐惧，并让我产生了更大的好奇：马克思会如何为我们去勾勒这个祛魅后的世界？

马克思随后的表述，让我感觉他如同环球影城里最优秀的导游，带着充满好奇的我们，去一站站地观摩三个没有商品拜物教的虚幻布景。

首先，第一站，马克思再一次地带我们来到荒岛，去造访鲁滨逊的世界。在这个世界中，没有商品，因为只有鲁滨逊一个人生活的孤岛上"似乎"没有交往的必要性，因此也就"似乎"没有让一件生活必需品变成一件商品的必要性了。看到这里，你一定发现，我一直在用"似乎"来修饰这个没有商品的世界，因为马克思为我们讲述这个故事的方式让我感觉必须要用"似乎"的口吻来描述这个世界。马克思多次提到鲁滨逊，目的都是一个，他想告诉我们，这个奇怪的形象是只有在一个建基于近代社会的资本逻辑已经得到充分发展之后，才在政治经济学家的脑袋里产生出来。于是，这个鲁滨逊看似一个人生活在孤岛上，却是实实在在每一分每一秒都在按照资本主义社会的生活方式来生活着。

马克思对于这个孤立的"社会人"给出了特别生动的描述："不管他生来怎么简朴，他终究要满足各种需要，因而要从事各种有用劳动，如做工具，制家具，养羊驼，捕鱼，打猎等等。……需要本身迫使他精确地分配自己执行各种职能的时间。……经验告诉他这些，而我们这位从破船上抢救出表、账簿、墨水和笔的鲁滨逊，马上就作为一个道地的英国人开始记起账来。他的账本记载着他所有的各种使用物品，生产这些物品所必需的各种活动，最后还记载着他制造这种种一定量的产品平均耗费的劳动时间。"①

笔锋犀利的马克思写到这里似乎感觉讽刺得还不够，所以特别在第二版上加上了一个注解来指认鲁滨逊这一形象的荒诞性："甚至李嘉图也离不开他的鲁滨逊故事。'他让原始的渔夫和原始的猎人一下子就以商品占有者的身份，按照对象化在鱼和野味的交换价值中的劳动时间的比例交换鱼和野味。在这里他陷入了时代错乱之中，他竟让原始的渔夫和原始的猎人在

---

① 《资本论（纪念版）》第 1 卷，人民出版社 2018 年版，第 94 页。

计算他们的劳动工具时去参看 1817 年伦敦交易所通用的年息表……'" ①

所以严格来说，"这一站"是一个没有摆脱商品拜物教却同时荒谬的无商品的世界。

"现在，让我们离开鲁滨逊的明朗的孤岛，转到欧洲昏暗的中世纪去吧。"马克思这位敬职的"导游"一边对我们说，一边带我们进入了充满了虚拟布景的第二站。

马克思说："在这里，我们看到的，不再是一个独立的人了，人都是互相依赖的……物质生产的社会关系以及建立在这种生产的基础上的生活领域，都是以人身依附为特征的。但是正因为人身依附关系构成该社会的基础，劳动和产品也就用不着采取与它们的实际存在不同的虚幻形式。……在这里，劳动的自然形式，劳动的特殊性是劳动的直接社会形式。……所以，无论我们怎样判断中世纪人们在相互关系中所扮演的角色，人们在劳动中的社会关系始终表现为他们本身之间的

---

① 《资本论（纪念版）》第 1 卷，人民出版社 2018 年版，第 94 页脚注 29。

个人的关系，而没有披上物之间即劳动产品之间的社会关系的外衣。"①

在马克思的指点下，我们异常清晰地看到了这样一个有趣的事实：在这个昏暗的中世纪当中，因为商品交换还没有达到它普泛化的程度，因此人与人之间的关系反而是直白的、肉眼可见的。农奴知道自己的全部劳动包括他本人都要被农奴主所占据，这种赤裸裸的不平等虽然让人愤怒，但却似乎并不会让人陷入一种不自知的蒙昧当中。这就是当时中世纪社会架构的突出特征。

其实直到"这一站"，我们还没有能够看到任何一个摆脱了商品拜物教同时人们在其中还能幸福生活着的世界：不管是在黑暗的中世纪，还是在马克思生活的工业社会，人们总不过要在究竟是被"赤裸裸"的剥削抑或在"蒙昧"中被剥削之间作出一个选择，这实在是人生的悲剧。

马克思似乎有点不耐烦了，所以他带着我们一路略过了那

① 《资本论（纪念版）》第 1 卷，人民出版社 2018 年版，第 94—95 页。

些类似于中世纪生活的各种原始形式：它们虽然可能表现得并不相同，却有着共同的特质，那就是所有各种具体的个人的劳动，比如耕地、放牧、纺织等，同时就是社会劳动。它们都无须借助于商品的形式来构筑人与人之间的交往，但它们的问题在于，这些直接就具有社会属性的劳动也只能满足于具体的个别人、个别家庭的具体需要，它们究其根本是无法适应整个人类社会普遍交往之要求的。因此这种原始生活方式，尽管没有被商品拜物教所蒙蔽，却也无法在近代社会存活，它们注定是只能作为人类社会的博物馆而被后人观看和品评。

其实走到这里，我们应该感到有点沮丧了，走了大半天，马克思虽然曾许诺带我们去看一个逃离了商品拜物教统治的世界，但所看到的却仍是牢笼中的世界：要么是人类不可复原的昏暗过去，要么就是基于商品世界逻辑所构筑的虚幻童话。马克思能否给我们一点希望，让我们看到一个既具有现实性同时又能不被商品所左右的美好世界呢？

马克思应该看穿了我们的心思，于是在"下一站"，马克思调转了方向，在完全不同于此前道路上一路狂奔着来到了这样一个世界布景的面前。马克思为这个世界取名为"一个自由人联合体"的世界。

这个世界是青年马克思所设想的共产主义原则得到具体贯彻的世界。它是一个摆脱了马克思在《德意志意识形态》当中那个上午捕鱼、下午打猎、晚上从事批判的抽象具体性的世界。尽管马克思对这个世界的描画仍然是简略的，但不知为什么，驻足在这个世界的布景前，我突然有了一种真实的向往，因为我在马克思的每句话背后都看到了他在艰辛的理论研究中所取得的一个个理论的推进。

马克思这样描画这个世界：

首先，这将是一个建立在个人已经获得独立基础上所建立的公有制社会。马克思说："他们用公共的生产资料进行劳动，并且自觉地把他们许多个人劳动力当做一个社会劳动力来使用。在那里，鲁滨逊的劳动的一切规定又重演了，不过不是在个人身上，而是在社会范围内重演。鲁滨逊的一切产品只是他个人的产品，因而直接是他的使用物品。这个联合体的总产品是一个社会产品。这个产品的一部分重新用做生产资料。这一部分依旧是社会的。而另一部分则作为生活资料由联合体成员消费。因此，这一部分要在他们之间进行分配。"①

　　大家要注意了，马克思这个描述的重要性在于他将所有关于未来社会的设想放置在了资本主义社会已经存在的基础之上。我们之前已经反复和大家谈过马克思与那些空想社会主义者之间的差别在于，马克思绝不是简单地否弃既有的资本主义社会存在的一切。而是要求将这个已经存在的社会的所有现实当作建立未来社会的前提基础。所以那个被国民经济学家们构想的虚幻的鲁滨逊，作为近代资本主义社会的理论前提，似乎得到了一种新的形式的复活——只是此刻，鲁滨逊的个人劳动不再需要借助于商品的魔法来实现它的价值。这就如同今天我们在毫无生存压力之下所进行的那些活动，比如仅出于兴趣而自己给自己做的鞋子和衣服，出于自身爱好而画画，等等。但这个自由自在生活着的鲁滨逊要活着当然还需要得到很多其他的生活必需品，那该怎么办?

　　马克思的设想是这样的:

---

① 《资本论（纪念版）》第 1 卷，人民出版社 2018 年版，第 96 页。

　　这个联合体的总产品是一个社会产品。这个产品的一部分重新用做生产资料。这一部分依旧是社会的，而另一部分则作为生活资料由联合体成员消费。因此，这一部分要在他们之间进行分配。①

　　那么随之而来的，在没有商品交换之后，我们该如何来分配这个总的社会生产资料呢？

　　马克思惯有的历史性思维告诉他，这个分配方式也不可能是一成不变的，它会"随着社会生产有机体本身的特殊方式和随着生产者的相应的历史发展程度而改变"②。但现在马克思所看到的是最为普遍的商品生产方式刚刚兴起，所以他给出的未来想象力也似乎只能局限于此，或者毋宁说，只能建基于其上而不能抛开客观历史条件去空想。于是，马克思坦言：

　　仅仅为了同商品生产进行对比，我们假定，每个生产者在生活资料中得到的份额是由他的劳动时间决定的。这

---

① 《资本论（纪念版）》第 1 卷，人民出版社 2018 年版，第 96 页。
② 《资本论（纪念版）》第 1 卷，人民出版社 2018 年版，第 96 页。

样，劳动时间就会起双重作用。劳动时间的社会的有计划
的分配，调节着各种劳动职能同各种需要的适当的比例。
另一方面，劳动时间又是计量生产者在共同劳动中个人所
占有份额的尺度，因而也是计量生产者在共同产品的个人
可消费部分中所占份额的尺度。在那里，人们同他们的劳
动和劳动产品的社会关系，无论在生产上还是在分配上，
都是简单明了的。[①]

可以说，这一规划是细致而周全的。马克思已经让理论的
想象力具体到了每个人的分配和消费方式。但同时我不得不
说，马克思的这个想象力又是原则性的，因为他清楚地知道自
己的构想也仅仅是建基于与商品交换和生产相对照的结果，因
此注定只能符合他所生活的这个特定时代。马克思，的确正如
他常常告诉我们的那样，永远做着特定历史所能让人们做的一
切。包括他为理论所插上的想象的翅膀，也完全是借助于他生
活的那个时代所提供的材料加工而成。

于是我突发奇想地作出如下假设，如果马克思生活在今

---

① 《资本论（纪念版）》第 1 卷，人民出版社 2018 年版，第 96—97 页。

天，他一定会对互联网时代的到来倍感新奇——因为互联网能让个人需要通过更为多样化的方式被充分满足，而不一定借助于他所生活的那个时代资本主义社会商品的魔法就能实现直接的社会化：比如，诸多共享平台的存在，不仅能让物与物实现直接的交换，甚至还可以将一个人与另一个人的具体活动勾连起来（如今很多的"穷游族""沙发客"，就可以用自己与房东所共有的一个爱好而换取一晚的住宿）。大家可以设想一下，当马克思发现今天这样一些新鲜事之后，会不会对未来有了不同于以上这些说法的设想了呢？我觉得一定会的。所以，大家不妨更大胆一些，去畅想一个属于我们这个时代所特有的自由人的联合体究竟会是什么样子？

CAPITAL:

A CRITICAL ANALYSIS OF CAPITALIST
PRODUCTION

By KARL MARX

TRANSLATED FROM THE THIRD GERMAN EDITION, BY
SAMUEL MOORE AND EDWARD AVELING

AND EDITED BY

FREDERICK ENGELS

VOL. I.

LONDON:
SWAN SONNENSCHEIN, LOWREY, & CO.,
PATERNOSTER SQUARE.
1887.

◆《资本论》第 1 卷 1887 年英文版扉页

　　马克思是唯物史观的创始人，但在他的著作中却缺乏一部系统的历史哲学。黑格尔曾有一部系统的历史哲学讲演录。在其中，黑格尔特有的历史理性成为他贯穿上至波斯、埃及、希腊，下至近代资本主义社会初期，远到中国、印度，近到日耳曼民族的讨论主线。这部历史哲学在很多人看来，不过是一部黑格尔哲学的试验场，在其中我们可以读到黑格尔对古今中外的历史事实所展开的一种纵横开阖式的讨论和分析，甚至在其中形成了诸多富有争议的史学断言：比如面对当时即将进入鸦片战争时代的清王朝，黑格尔曾认为中国只有朝代的更替，没有真正的历史。这一说法究竟在何种意义上是对的，何种意义上完全是一种误读，至今仍在引发中国史学界、哲学界的思考。

相比之下，马克思的唯物史观却总是通过对他所处时代刚刚发生的历史事件的评论和准确的判断而得以展现。因此一直以来，我都特别强调唯物史观当中所蕴含的事件化意义。两相对比下来，我们可以说，马克思唯物史观中的历史，所意指的是能够引发历史突变的事件，其所凸显的是一种间断性的历史；而黑格尔的历史，则似乎更强调一种贯通的、连续的历史理性的自我展开。在这一意义上说，黑格尔历史哲学中的确包含着对人类历史发展过程的哲学反思，而马克思的唯物史观却是这样一种全新的哲学，它并非是关于人类历史的哲学反思，而是试图以事件化的历史原则来重构哲学的一种尝试。

因此，在读到"所谓原始积累"一节之前，在我们共同经历的整个马克思的趣读之旅当中，严格来说，我们还没有读到过马克思对于一个较长时间段内诸多具体历史事件的梳理、评价和分析。而现在，为了彻底揭穿政治经济学家们有关资本原始积累的"田园牧歌"，马克思不得不一头扎到具体的历史资料当中，为他有关资本逻辑的诸多原则找到坚实可靠的现实基础。

写下这个略显晦涩的开场白，只是为了让大家能够拥有与马克思相同的研究目的和理论视角去翻看这段发生在 14 世纪末期以后的西欧历史，从而不至于迷失在那些琐碎而繁杂的历史事实当中。

在此，马克思尝试运用现实发生的诸多历史事实作为典型案例，并在其中发现构成资本原始积累的典型方式。为了有效地完成这一工作马克思这样为自己划定考察的范围：

> 在原始积累的历史中，对正在形成的资本家阶级起过推动作用的一切变革，都是历史上划时代的事情；但是首要的因素是：大量的人突然地被强制地同自己的生存资料分离，被当做不受法律保护的无产者抛向劳动市场。对农业生产者即农民的土地的剥夺，形成全部过程的基础。这种剥夺的历史在不同的国家带有不同的色彩，按不同的顺序、在不同的历史时代通过不同的阶段。只有在英国，它才具有典型的形式，因此我们拿英国做例子。①

---

① 《资本论（纪念版）》第 1 卷，人民出版社 2018 年版，第 823 页。

随后，我们就读到了一段起始于 14 世纪末以来的英国往事。其中核心的主线就是农民如何逐渐被剥夺了他的土地而转变为被迫出卖自己劳动力的无产者。

故事的开始，马克思就将时间的起点放置到了农奴制的消失。这意味着当时在土地上耕种的农民或者已经是自由的自耕农，或者已经是在土地上做工的雇佣工人阶级。他们都拥有了一定的人身自由，不再完全隶属于某个农奴主了。但这些人不能成为无产阶级是因为他们还未能被剥夺得一无所有，他们与土地之间还存在着一些内在的关联，这意味着，他们依赖于土地，还能活下来。

但随着 15—16 世纪的到来，英国的资产阶级生产方式已经获得了充分的发展，这首先表现为英国毛纺织工场的繁荣以及羊毛价格的急剧上涨。这两件事情在马克思眼中成为繁杂的历史事实当中特别重要的两个因素。它作为一种隐性的力量左右着当时新兴的封建贵族。

对于这些贵族，马克思是这样评价的："而新的贵族则是他们自己的时代的儿子，对这一时代说来，货币是一切权力的权力。因而，把耕地转化为牧羊场就成了他们的口号。"①

　　马克思在此旁征博引了当时各类编年史料，其中都谈到了无数房屋和农户在骑士领地上消失的状况。在15世纪末期，这样自发自觉的事件的发生还曾引发了立法者些许的恐惧，亨利七世时代颁布了很多限制的法令，用来阻止这一耕地向牧场的转化：包括禁止拆毁耕地上的农民房屋，甚至预先规定了一个人拥有羊的数量不能超过2000只。相信大家能够明白这两个看似牛马不相及的法令之间所包含的直接的内在关联：一方面不能随意剥夺农民手中的土地，另一方面不能为了养羊而将耕地变为牧场。但人类历史上的这些禁令，在今天看来却总能让我们于无声处听到历史的另一种声音。这一禁令的产生反而说明了当时这种农民被剥夺土地的情况已经严重到了何种程度。

　　这一情形一定让马克思颇为感慨，这让他突然想起来英国作家托马斯·莫尔在他的名著《乌托邦》当中谈到的那个奇怪的国家：在那个国家里，"羊吃人"。马克思将这段话，作为注

_____

① 《资本论（纪念版）》第1卷，人民出版社2018年版，第825页。

脚，标注在了那个试图将每个人拥有羊的数量不能超过 2000
只的法令之下。

这个"羊吃人"的故事于是成了英国资产阶级实现他们原
始积累的故事主线。在这个故事中温顺的羊之所以变成了吃人
的野兽，只是因为英国的资本主义最早萌生于纺织业。资本的
力量让当时新贵资本家们基于对利润的无限追求，只见羊，不
见人。此后直至 19 世纪，历经了圈地运动以及所谓的清扫运
动，英国历史上发生的很多匪夷所思的历史事件背后其实不过
就是一个"羊吃人"故事的一次次翻版升级。

马克思在此特别举出了萨瑟兰公爵夫人在 19 世纪所做的
一次彻底的清扫工作。马克思这样说：

> 这位懂得经济学的女人一当权，就决定对经济进行彻
> 底的治疗，并且把全郡——郡内的人口通过以前的类似过
> 程已经减少到 15000 人——转化为牧羊场。从 1811 年到
> 1820 年，这 15000 个居民，大约 3000 户，陆续地遭到驱
> 逐和灭绝。……到 1820 年，15000 个盖尔人已被 131000
> 只羊所替代。一部分土著居民被赶至沿海地区，以捕鱼为

生。他们变成了两栖动物，按一位英国作家的说法，是一半生活在陆上，一半生活在水上，但是陆上和水上合起来也只能使他们过半饱的生活。①

马克思的行文是略带幽默的，但我相信马克思写到这里，其实是笑不出来的。面对这个被羊驱赶着变成了两栖动物还不能吃饱的人们，此刻的我读到这里，也笑不出来。

然而，这竟然并不是故事的结束，而只是它的开始。马克思接着给我们讲到这群盖尔人后来又被租了沿海地区的伦敦大鱼商驱赶着无家可归。现在，就让我们如同听故事的孩子那样，继续追问马克思：后来呢，后来这些人都去哪儿了？

马克思这样告诉我们：无家可归的这群人于是进了城，大批沦为了乞丐、盗贼和流浪者。亨利八世的时候，竟然出台了这样一个奇怪的法律：年老和无劳动能力的乞丐获得一种乞丐许可证，而那些身强力壮的流浪汉却要遭到鞭打、监禁、烙印和酷刑。

----

① 《资本论（纪念版）》第 1 卷，人民出版社 2018 年版，第 838—839 页。

这个故事讲到这里，如果大家还记得马克思为我们勾勒的那个资本形成的基本原则，那么我们应该马上就意识到，这群连两栖动物都做不成的盖尔人被剥夺了所有一切，甚至他对另一个人的依附关系也没有了，他终于成为那个可以自由地出卖自己的劳动力的人，却也最终是只能出卖自己的劳动力的人。是的，我们终于辨认出来了，他们竟然就是未来的无产阶级。

当然，随着无产阶级作为一个群体逐渐被固定下来，拿工资来生活的方式也不得不成为人们必须习惯的一种获取生活资料的方式。随后的故事，比如为提高工资、减少工作日的斗争开始进入了这个故事的情节当中。严格来说，资本的原始积累中那个"羊吃人"的故事已经有了升级版，无产阶级正在成为现代钢铁丛林中的猎物，遵循着弱肉强食的生存法则与资本进行着最后的斗争。

讲到这里，"羊吃人"的故事主干已经完成了，但马克思却沿着这个主干一路延伸到了它的支脉，比如以东印度公司为代表的英国海外殖民，这个伴随着地理大发现的事件，其背后早已不再是探寻未知世界的单纯好奇，而是为攫取超额剩余价值的欲望驱动。所以，这个看似仅仅是一个进行对外贸易的公司，最终却以最为直接的方式呈现出了大英帝国在其顶峰之时所拥有的全部权力，它逼迫马克思不得不在《资本论》第一卷的结尾处去讨论现代殖民理论，因为这一殖民主义早已超越了政治的范畴，而变成了一个容纳资本的全部逻辑预设的经济范畴。也正是在资本逻辑的驱动之下。这个现代殖民主义催生了鸦片贸易与黑奴交易这两朵恶之花。

如果说鸦片贸易成为击碎腐朽大清帝国的最后一根稻草，那么黑奴贸易却是让非洲遭受灭顶之灾的罪魁祸首。今天当我们去阅读《汤姆叔叔的小屋》，抑或观看美国经典电影《飘》的时候，你是否会意识到这些描述黑奴悲惨生活的作品并不是诞生于奴隶社会；相反，它们所讲述的反而是在近代资本主义刚刚萌生的那个时代。那个时代的错位，再一次彰显了资本在其原始阶段毫无底线的积累逻辑。

因此，英国作为马克思讨论资本原始积累的案例，的确具有着无可替代的典型性。因为它近乎可以涵盖资本发家史的各种方式。马克思借助于对英国的系统考察，一眼看穿的是整个西欧完成资本原始积累的全过程。

马克思带有总结性的这样说道：

> 原始积累的不同因素，多少是按时间顺序特别分配在西班牙、葡萄牙、荷兰、法国和英国。在英国，这些因素在 17 世纪末系统地综合为殖民制度、国债制度、现代税收制度和保护关税制度。这些方法一部分是以最残酷的暴力为基础，例如殖民制度就是这样。但所有这些方法都利用国家权力，也就是利用集中的、有组织的社会暴力，来大力促进从封建生产方式向资本主义生产方式的转化过程，缩短过渡时间。暴力是每一个孕育着新社会的旧社会的助产婆。暴力本身就是一种经济力。①

这就是马克思为我们讲述的独属于工业骑士开疆拓土的 "黑暗童话"：资本无限逐利的欲望启动了一架暴力机器，它让羊开始吃人，让非洲的土著王子变成人贩子，让人成为现代奴隶……所有这些故事，在那些古典政治经济家的头脑中不过是某个昏庸的暴君或者领主的不当施政偶然所致，近代的很多思想家甚至也撰写了对这些现象的揭示和批评，但从未有一个人

---

① 《资本论（纪念版）》第 1 卷，人民出版社 2018 年版，第 861 页。

如同马克思一般，将所有这些成人世界里真实发生的"黑暗童话"编辑在一起，并让我们发现所有这些童话背后真正的作者。这个作者，不是马克思，不是某一个暴君或者封建的领主，它就是"资本"。因此，马克思在讲述这些"黑暗童话"的时候显得过于冷静，他并没有将矛头直接指向任何一个具体实施这些方略的人。马克思在《资本论》第一卷序言当中就曾这样说过：

> 我决不用玫瑰色描绘资本家和地主的面貌，不过这里涉及的人，只是经济范畴的人格化，是一定的阶级关系和利益的承担者。①

我赞叹这样的马克思，他的批判是现实而犀利的，他的所指是根本而彻底的。因此马克思注定会扬弃和超越那些只限于去砸碎机器的工人，去烧掉教堂的义和团，去刺杀沙皇的密谋组织。因为对马克思而言，这些所有的行动都不能真正改写这段"黑暗童话"的故事梗概，而只会为它续写更多的血腥续集。

---

① 《资本论（纪念版）》第 1 卷，人民出版社 2018 年版，第 10 页。

　　马克思将自己的斗争对手设定为一个完整的资本逻辑，将真正完成这一斗争的主体赋予这一资本逻辑内生出的无产阶级。而此刻，马克思正在借助于他对资本原始积累历史的这种冷静书写，告诉无产阶级两件事情：第一，资本是罪恶的，应当被推翻；第二，资本只是人类历史发展的某个阶段，而不是永恒的逻辑，因此可以被推翻。并且，更重要的是，只有在推翻它之后，人类才可能开始书写一曲真正富有诗意的田园牧歌。

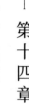

第十四章

「过」犹不及：资本的自我悖论

——《资本论》之六

Das Kapital.

Kritik der politischen Oekonomie.

Von

Karl Marx.

Erster Band.

Buch I: Der Produktionsprocess des Kapitals.

Vierte, durchgesehene Auflage.

Herausgegeben von Friedrich Engels.

Das Recht der Uebersetzung wird vorbehalten.

Hamburg.

Verlag von Otto Meissner.

1890.

◆《资本论》第 1 卷 1890 年德文第 4 版扉页

　　如果你一口气通读了三卷《资本论》，你一定会有一个不同的感受：读第一卷，你觉得马克思是一个试图建立革命理论的哲学家；读第二卷，你会觉得马克思是一个试图搞清楚资本逻辑运行的经济学家；最后，当你开始阅读第三卷的时候，你会发现马克思仿佛是一个进入资本丛林当中的探险者，谨小慎微。马克思在此试图考察的是资本运动过程中所产生的各种具体形式，始终不忘的是追踪资本发展的新形态。以往在马克思有关法国第二帝国的政变以及巴黎公社的政治评论性文章当中，我一直非常感叹马克思那出色的理论洞察力，让他可以在事件发生的同时在理论上完成对这些繁杂事件的概念化表达。如今，在恩格斯所编辑整理的《资本论》第三卷当中，我们再一次见证了马克思的这一能力。

只是相比于那些诡谲莫测的政治事件，这些刚刚萌生的资本发展的新形态显得过于平凡和琐碎了些。在马克思的年代，主导资本世界的仍不过是一个个拥有着庞大机器的工厂主资本家，以及一个个每日每夜都在工作的劳动者。只是伴随着东印度公司的扩张，股份公式以及股票市场才逐渐开始直接影响资本的产生。这不仅让马克思进一步看到了他所谓的资本周转以及货币资本的重要性，同时还发现了一种仅仅依赖于商业并且"只是着眼于流通而进行生产的资本主义生产方式的发展"。这意味着马克思此前仅仅依赖于劳动价值论所构筑的在生产领域当中的资本增殖在接受一种新的挑战：在其中一种叫作"信用"的机制影响着现实资本增殖的方式。

马克思是这样来描述信用制度的："大体说来，货币在这里只是充当支付手段，也就是说，商品不是为取得货币而卖，而是为取得定期支付的凭证而卖。为了简便起见，我们可以把这种支付凭证概括为票据这个总的范畴。这种票据直到它们期满，支付日到来之前，本身又会作为支付手段来流通；它们形成真正的商业货币。……真正的信用货币不是以货币流通（不管是金属货币还是国家纸币）为基础，而是以票据流通为基础。"①

大家如果完全没有一点金融知识的话，估计听到这段话，会变得一头雾水。在这里，我只能尝试以我的理解方式为大家简单罗列一下马克思关注信用问题的重要意义。马克思对于信用制度的讨论，一方面，凸显了一种在"流通"当中出现增殖的新的资本形式，这种资本形式可以表现为期货或者股票。换言之，流通不再仅仅是已经增殖了的资本"实现"自己的场所，而是资本增殖被"生产"出来的地方。另一方面，当一种定期支付的凭证自身变成了一种可以流通的票据，具有一定购买力的时候，它自然会引发资本开启虚拟化的道路。而这一虚拟资本的形成不仅可能颠覆以劳动价值论为基础的资本增殖方式，同时还隐约显现出了金融危机对人类经济体的杀伤力。

对于这种正在脱实向虚的资本形态，马克思在《资本论》第三卷当中已经有所涉猎。在被标注为"信用和虚拟资本"的标题下，马克思收集了大量对当时证券交易所运行方式的描述，以及东印度公司运用股票所进行的资本运营情况，并发现

① 《资本论》（节选本），人民出版社 2018 年版，第 505 页。

和指认了一种基于信用的过度膨胀可能带来的金融危机。

因此《资本论》第三卷特别表现出了一种未完待续的状态，许多的话题敞开了，并做了相应的研究，却似乎未能来得及做进一步的归纳。马克思保持着对现实的观望，正是因为这一观望，让马克思对自己的理论始终处于不断修订的过程当中——这种修订远非是字词句意义上的，而更多地意指着某一理论走向的变化。

但对于这一卷，最受关注的一个理论要点并不是马克思在其中试图逐步展开的资本新形态，而仍然是延续着马克思在第一卷中就开始讨论的剩余价值生产的相关问题，在此，马克思提出了一个相对于剩余价值更为温和一些的对资本增殖的描述性概念——利润。正是在对利润的理论考察中，马克思详细分析了作为整体的资本生产在各个不同生产部分之间的分配以及利润率的差异。仅就第三卷所关涉问题的复杂性而言，它是一部更有烟火气的《资本论》：在其中我们看到了一个充满着竞争，因此也充满着变量的资本逻辑运行的整体全貌。没有了前两卷如同在实验状态下观察真空中的羽毛和铅球共同下坠时的那种抽象，但也因此，马克思所提出的有关资本主义利润率下降的规律问题才能引发那么多人对它的兴趣。

　　这一规律的内涵并不复杂。所谓资本的一般利润率的计算方式很简单，它是剩余价值与总资本的一个比率，因此，这个比率也将直接反映出资本增殖的能力。比如假定总资本为100，剩余价值为50，那么剩余价值率就是50%。而在这个总资本当中包含着两个部分，分别为可变资本和不变资本。可变资本就是工人的工资，而不变资本则主要指资本家投入生产的机器设备、厂房、原材料等。不知大家是否还记得我此前在第六章中和大家一起讨论所谓机器问题的时候，已经指出这样一个事实：马克思已经看到资本主义生产方式对于技术的不停追求、机器设备的升级革新，必然会带来一个固定资本不断增加的趋势。当时马克思还没有对资本生产总过程有一个如此详尽的考察，因此他只是从人的劳动被机器替代的角度来说明资本主义的发展本质上是在自掘坟墓——因为在劳动价值论的分析框架下，劳动的减少自然也就意味着价值的减少。这个说法显然还属于一种原则上的推理。但现在马克思经过对整个资本生产总过程的详细考察，特别是剩余价值率和利润率的分析，获得了对这一趋势更为科学的表达方式。

资本发展的这一趋势被马克思称为利润率下降的趋势，马克思是这样描述的："在剩余价值率不变或资本对劳动的剥削程度不变的情况下，一般利润率会逐渐下降。"①

下面我就来较为通俗地为大家解释一下这个规律：当一个工厂不断进行技术升级，一个工人借助于机器设备的帮助可以有更大的产出时，那么必然会导致产量的不断扩大。如果只是一家工厂因为技术先进带来产量大涨，那么这家工厂就会有超额的利润；但事实是，当所有工厂主们看到这个超额利润的时候，都会趋之若鹜地去进行技术革新，最后的结果是全社会范围内产品产量的大幅度提升，结果必然导致单位产品内所消耗的社会必要劳动时间减少，单位产品的价格一定会下降。所以，大家会发现一个奇怪的结果，技术越革新，产品卖得越便宜，资本的利润率反而是下降了。这个结果一定让资本家很是郁闷，因为这意味着他们原本是为了追逐超额利润所投入的资本最终却带来了利润率的不断下降。

其实这个道理，在我们的现实生活中是一个常见的现象。

---

① 《资本论》（节选本），人民出版社 2018 年版，第 436 页。

当初手机刚问世的时候，它的价格对于普通人来说几乎是天文数字，但当时制造手机的利润率却是丰厚的；而今随着手机技术生产的普遍化，手机的价格却便宜到可以人手一只，单部手机生产的利润也就微乎其微了。但由于对超额利润的无限追求，资本家又不可能放弃对固定资本的持续投入，所以最终，马克思发现，资本主义自身就陷入了一个自己与自己的斗争：资本以不断增殖自身的利润为存在的全部理由，但最终资本主义的生产方式却决定了资本投入越大利润越少的怪圈之中。

马克思在此将这个矛盾概括为"生产扩大和价值增殖之间的冲突"。对于这个冲突，马克思做了如下一个比较拗口的表述：

> 资本主义生产的真正限制是资本自身，这就是说：资本及其自行增殖，表现为生产的起点和终点，表现为生产的动机和目的；生产只是为资本而生产，而不是反过来生产资料只是生产者社会的生活过程不断扩大的手段。以广大生产者群众的被剥夺和贫穷化为基础的资本价值的保存和增殖，只能在一定的限制以内运动，这些限制不断与资本为它自身的目的而必须使用的并旨在无限制地增加生

产，为生产而生产，无条件地发展劳动生产力的生产方法相矛盾。手段——社会生产力的无条件的发展——不断地和现有资本的增殖这个有限的目的发生冲突。因此，如果说资本主义生产方式是发展物质生产力并且创造同这种生产力相适应的世界市场的历史手段，那么，这种生产方式同时也是它的这个历史任务和同它相适应的社会生产关系之间的经常的矛盾。①

这段话虽然有些晦涩，但意思还是清楚的。资本疯狂逐利的生产方式与它试图不断增加利润的最终目的竟然是相违背的。这就是马克思"平均利润率下降"这一论断所表达出的一种更为科学而客观的资本主义社会危机。这是一个资本与生俱来的自我悖论。如果让我用一个词来形容资本的这种自我悖论，我想到的就是：过犹不及。

资本逻辑是一个不断追求剩余又不断在制造剩余的逻辑。它追求剩余价值的不断攀升，因此总是试图不断增大资本的剥削性，这一点在资本对固定资本不停地加大投入当中也会日益

---

① 《资本论》（节选本），人民出版社 2018 年版，第 449 页。

显现出来：机器的使用会简化人的劳动，从而让资本家有理由降低工人的工资，甚至用机器对人的替代制造大量的过剩人口。所谓过剩，是指它们是被资本生产排除在外的剩余劳动力。这些剩余将进一步威胁那些还有工作可以做的劳动者的工资水平。于是我不得不再次提醒大家注意的是，当我们谈到剩余人口的时候，这个过剩的概念其实是一套典型的资本家逻辑。这些劳动者也只是在疯狂逐利的资本家看来是"多余的"和"过剩的"。

出生于以色列的历史学家尤瓦尔·赫拉利从 2012 年之后陆续出版了一个畅销全球的简史系列，包括《人类简史》、《未来简史》和《今日简史》。在后两部著作中他曾提出了一个"无用阶级"的概念，以描述今天被以人工智能为代表的技术所排挤的一个阶层：这个阶层不再是无产阶级，而是无用阶级。这个概念曾一度让当下的人们产生了更深的焦虑，但问题在于，赫拉利所提出的这个有用与无用的标准本身，正如马克思的"过剩人口"一样，都是在资本逻辑框架内被讨论的。其结果是，这个概念所激发的是一种努力争做有用之人的价值导向，而这个导向的最终结果与资本的逐利目的正好不谋而合。所以如果无用阶级的概念仍然让我们产生某种焦虑，只能说明我们的思维方式与生活方式仍然被资本逻辑所围绕和束缚着。

马克思的态度是明确的，资本所制造出的剩余人口却可能反过来有助于资本的生产。当然资本制造的剩余还不仅是人口的剩余，同时还有资本自身的剩余。这个资本的剩余是由于资本利润率下降从而导致只有大资本可以活下去，小资本却不能再依赖于资本主义的实体性生产而获利，从而不得不转向了诸如投机、信用欺诈、股票等虚拟资本。① 而这些虚拟资本的不断扩张，虽然可以在某种意义上为资本持续发展续命，但却将资本的再生产建立在一些非确定性的因素当中，因此越来越无法承受任何小小的风吹草动。一个黑天鹅事件就可能带来资本逻辑运行的全面崩溃。

这就是资本逻辑内所特有的过犹不及的悖论，它源发于资本的本性，因此也近乎成为不可克服的一种趋向。仅仅依赖于资本自身的拓展只能是出现更多的饮鸩止渴式的解决方案。这一点曾让古典政治经济学家李嘉图感到困惑，但却又无计可施。只有马克思对此很释然，他发现了李嘉图的困惑，并认为

---

① 参见《资本论》（节选本），人民出版社 2018 年版，第 450 页。

这个困惑本身恰恰是他的一个理论贡献。对于马克思而言，在资本内部来尝试去解决这一资本的内在悖论是不可能的。这一资本悖论所能说明的，只能是如下这个事实：

> 资本主义生产不是绝对的生产方式，而只是一种历史的、和物质生产条件的某个有限的发展时期相适应的生产方式。①

意思是不是明确了：扬弃资本主义的唯一途径只能是历史地看待它，将它视为人类社会中的一个环节，并由此相信未来存在着一个建立在资本主义全部的物质财富基础上的，却与之完全不同的生产方式。而对这一未来到来的可能性条件的研究，才是马克思研究资本的全部动力所在。

_____

① 《资本论》（节选本），人民出版社 2018 年版，第 452 页。

第十五章

阶级残篇狂想曲

◆《资本论》第 3 卷初编稿的一页，上面有恩格斯所作的修改。

　　恩格斯在《资本论》第三卷序言当中已经开始谈论自己的年龄，一个 70 多岁的老人，却还要借助于逐渐退化的视力去辨识一沓难以辨识的笔迹手稿，编辑整理工作的艰辛溢于言表。因为他在做的工作近乎是一个没有终点的工作，仅从第三卷的架构上来看，我们对此已清晰可见。

　　《资本论》第三卷所讲述的是没有结局的故事。从我直观的感受上来说，马克思对利润率下降的讨论已经让资本的自我悖论与危机变得不可克服。资本的故事似乎已经走到了它的终点。但在此后的章节中，有关于生息资本、信用与虚拟资本、地租问题等资本的诸多形态的讨论却仍绵绵不绝，这些探讨，一方面极具前瞻性，其中很多问题可以涵盖今天被金融资本全面笼罩的当下资本逻辑的发展样态；另一方面却又呈现出一种理论的非完整性。即便是拥有着较为完整的章节篇幅，其中的观点也缺乏相对系统的推演和讨论。因此，这一文本构造了一个个思想的跑马场，马克思骑着他思想的快马，为我们勾画出了许多有待去探索的思想空场。

今天，我想和大家分享的段落位于第七篇的最后一章，即第五十二章，而这一章也是恩格斯所编辑的《资本论》第三卷的最后一节。在这一节的最后，恩格斯写到"手稿到此中断"。这句话也成为全部《资本论》三卷本的最后一句话。而这最后一节的题目，叫作"阶级"。

整部《资本论》第三卷近乎突然的终结，并且最终终结在了一个试图直击阶级问题的讨论，所有这一切都不得不引发我的无限遐想。这是否就是马克思结束整个资本论研究的真正结尾？如果是，那么，我们就完全没有理由再纠结于马克思在第二、三卷当中那些对于资本貌似实证化的研究是否与马克思所精心打磨的第一卷中鲜明的政治立场相违背。马克思对人的关切、对劳动者在整个资本主义社会中生存境遇的理解，在我的眼中，借助于这样一个阶级残篇，被再度呈现出来，并形成了一种首尾呼应。

只是这一次的呈现，以及充斥在这一阶级残篇当中，马克思在文字间所透露出的一种迟疑，又似乎质疑着马克思此前有关阶级、斗争与革命等诸多经典理论的核心要义。于是，我一时间竟然产生了这样一种想法：马克思的这一中断，究竟是因时间不够充足、身体日益衰弱而无法继续，还是因为他在新的历史境遇之下突然发现了与他之前有关阶级问题的理解相异质的另一种理解路径而无法继续？两种可能性，究竟哪一个因素更具主导性？

恩格斯在《资本论》第三卷的序言当中是这样来谈论这个结尾的：

> 最后，第七篇的手稿是完整的，不过也只是初稿，必须先把无限错综复杂的文句拆开，才能付印。最后一章只是一个开头，在这一章，同地租、利润、工资这三大收入形式相适应的发达资本主义社会的三大阶级，即土地所有者、资本家、雇佣工人，以及由他们的存在所必然产生的

阶级斗争，应该当做资本主义时期的实际存在的结果加以论述。这种结论性的总结，马克思通常总要留到快付印的时候再作最后的加工，因为那时最新的历史事件会按照永不失效的规律性为他的理论阐述提供最恰当的现实例证。①

在此，恩格斯实际上以他对马克思写作习惯的理解部分地回答了我们的疑问：这个叫作"阶级"的残篇，注定属于马克思那带有结论性的总结，于是，按照恩格斯对马克思的了解，这一部分注定只能等到这部著作即将付印之前，马克思才会完成，目的只是为了怕错过最新的历史事件的发生。而这是只有如马克思这般，永远试图与时代同行的思想者才会有的一种独特的写作习惯。因为这类思想家从不试图用一种头脑中产生的逻辑框架去框定现实，相反，他们总是绝对地尊重现实事件的优先性，而后才展开属于自己的理论推演。

但在此恩格斯没有提到的是，马克思这个结论性的总结，与马克思此前有关阶级问题的全部讨论之间究竟是怎样的一种关系，是此前的延续，还是一种补充，抑或甚至是一种方向性

_____

① 《资本论（纪念版）》第 3 卷，人民出版社 2018 年版，第 11 页。

的转变？我认为，相关这一系列问题的思考，对于理解马克思这个阶级残篇的意义更为重要和根本。

那么，现在就让我们一起带着这些问题开启关于这一文本的阅读之旅吧。

这个阶级残篇所在的第七篇的题目叫作"各种收入及其源泉"。在马克思的规划当中，《资本论》的这一卷将着力去考察资本在其生产过程中各个部门之间的利润分配以及由此带来的新的资本形态等问题。在分别谈到诸如信用、生息资本与地租等问题之后，第七篇的讨论似乎又回到了以资本主义整体为视角所展开的分配问题的讨论，带有鲜明的总括性质。比如在这一篇的开始即第四十八章中，那些被"分割"叙述的资本又重新作为一个整体进入马克思的讨论视野：在此马克思将资本—利息、土地—地租、劳动—工资这三种在资本主义社会当中并存的资本增殖方式视为资本的"三位一体公式"（第四十八章的标题就是"三位一体的公式"）。

众所周知，所谓"三位一体"是基督教用来讨论上帝之存在方式的一种典型模式。它意味着上帝分别在圣父、圣子、圣灵等三种不同的位格上显现自身，但这三者并非是构成上帝的三个组成部分，而是每一个位格都能够完整地显现上帝的本质。这一说法，有点类似于我们中国哲学当中常会谈到的有关"月映万川"的思想意象。大家可以借用这个意象尝试去理解一下所谓资本的"三位一体"的说法。我想马克思在这里通过这个比喻想告诉我们的正是工厂中的利润、土地的地租以及劳动中的工资都不过是资本自身的幽灵的显现。

但这样一种着力讨论资本在不同领域中的分配的研究路径，却并非是马克思所推崇的。因为早在《政治经济学及赋税原理》当中，关注分配问题的李嘉图就在序言当中以土地为基础生产资料对这样一种"三位一体"的资本分类以及这一分类所带来的阶级划分做了一个清晰的指认。

李嘉图说："劳动、机械、资本联合使用在土地上面，所生产的一切土地生产物，分归社会上三个阶级，即地主、资本家，与劳动者。"① 他在这一资本分配当中领会到了一种阶级之

① ［英］李嘉图：《政治经济学及赋税原理》，郭大力等译，译林出版社 2011年版，"译序"第 15 页。

间不可调和的冲突，比如李嘉图已经意识到"工资增加，必致减低利润"[①]，甚至还提到了"利润之自然趋势，乃是下降"[②] 等规律。因此，如果马克思仅仅在此指出了一个资本分配在现实当中的分类，并基于此种分类分出资本主义社会中活跃的三个阶级，这样的理论本无新意。所以，在此我们需要特别关注的是马克思在表述这一分类的基础之上所提出的这样一个看法：

> 资本—利息，土地—地租，劳动—工资；在这个形式中，利润，这个体现资本主义生产方式的独特特征的剩余价值形式，就幸运地被排除了。[③]

在此，我们应读出马克思在这一表述当中所隐含的讽刺意味，马克思隐性地将以李嘉图为代表的古典政治经济学家们再度纳入批判的视域当中：由于他们无法理解剩余价值在资本利润当中所占据的经济的和政治的理论地位，所以李嘉图尽管清

---

① ［英］李嘉图：《政治经济学及赋税原理》，郭大力等译，译林出版社 2011年版，"译序"第 58 页。

② ［英］李嘉图：《政治经济学及赋税原理》，郭大力等译，译林出版社 2011年版，"译序"第 59 页。

③ 《资本论》（节选本），人民出版社 2018 年版，第 588 页。

晰地意识到资本主义社会中存在着利益分配之间不可调和的冲突，以及相应的阶级对立，但却仍然无法真正理解形成阶级对抗的根源以及这一对抗给资本主义社会究竟带来怎样的根本性的影响。因为对李嘉图来说，资本主义社会就是社会发展的最终形态，而在马克思看来，资本主义社会却不过是真正的人类社会的史前史。

阶级残篇就是在这一个讨论的语境当中诞生的。它一方面固然是由资本逻辑显现出的不同分配方式所推论出的一个话题，但同时更是马克思所特有的对人的关切再度进入政治经济学研究视域的一种表现形式。李嘉图也谈到了阶级以及阶级之间的利益冲突，但他却只是将资本家、地主和劳动者视为利润分配的承载者，他们共同构成了资本主义社会生产过程中的基本要素，就如同劳动工具与原材料一样。

我其实已经不止一次地提到过李嘉图的这种纯粹抽象理论的冷酷。但马克思却一直对这种冷酷抱有同情的理解。马克思在《资本论》第三卷中还在不停地为这样的李嘉图辩护：

> 有人责难他（即李嘉图——笔者注），说他在考察资本

主义生产时不注意"人"，只看到生产力的发展，而不管这种发展以人和资本价值的多大牺牲为代价。这正好是他的学说中的重要之处。发展社会劳动的生产力，是资本的历史任务和存在理由。①

但马克思终究还是要远远超越李嘉图。在他的眼中，即便是那些作为资本人格化的资本家，也都是一个个活生生的人。于是由于收入分配所带来的不同阶级的划分，最终必然意味着一群人对另一群人的斗争，而不是两个抽象角色的共存。这一带有鲜明立场的视角，在某种意义上构成了马克思反观政治经济学的一个"有色眼镜"。早在马克思给工人们直接讲授的课程《雇佣劳动与资本》的时候，早在马克思撰写《共产党宣言》的过程当中，劳动与资本之间的绝对对立、社会日益被区分出的两大对立阶级等命题就已经成为马克思面向资本主义社会进行思考的理论前件。

在这一意义上说，阶级，成为马克思全部《资本论》研究最终的落脚点，这一点理应是毫无疑义的。

———————

① 《资本论》（节选本），人民出版社 2018 年版，第 452 页。

但也正如此,当我们戴着马克思的"有色眼镜"来反观这篇阶级残篇,却似乎看到了其中隐隐折射出的另一种色彩,这一色彩是否有可能会改变马克思为我们打造的这幅"有色眼镜"的基础底色呢?让我们带着这一疑问,进入这一残篇的阅读。

马克思在这个阶级残篇的开篇完全按照李嘉图式的表述方式来展开他对于资本主义阶级状况的描述:

> 单纯劳动力的所有者、资本的所有者和土地的所有者——他们各自的收入源泉是工资、利润和地租——,也就是说,雇佣工人、资本家和土地所有者,形成建立在资本主义生产方式基础上的现代社会的三大阶级。①

需要提请大家注意的是:当马克思用这个三元架构来描述阶级构成时,看起来似乎少了那种建基于二元阶级架构之上的对抗性意味。这与他在《共产党宣言》当中提到的"日益明显的区分为两大对立阶级"的说法很不一样。

---

① 《资本论》(节选本),人民出版社 2018 年版,第 600 页。

随后，马克思接着说：

> 在英国，现代社会的经济结构无疑已经达到最高度的、最典型的发展。但甚至在这里，这种阶级结构也还没有以纯粹的形式表现出来。在这里，一些中间的和过渡的阶层也到处使界限规定模糊起来（虽然这种情况在农村比在城市少得多）。①

马克思在阶级残篇当中的这个判定，让我们对阶级的理解变得极为复杂。尽管紧随其后，马克思仍然非常强调资本主义生产方式的基本趋势与规律仍然是生产资料与劳动的分离，因此无论是三元结构的阶级状况抑或二元结构的阶级状况，资本与劳动相分离的事实都存在，只不过一个是资本家与劳动者之间的对立，一个是土地所有者与劳动者之间的对立。

但显然，在这个阶级残篇当中，资本与劳动的对立不再是问题的核心，因为马克思突然对阶级问题提出了一个根本性的追问：

---

① 《资本论》（节选本），人民出版社 2018 年版，第 600 页。

首先要解答的一个问题是：是什么形成阶级？这个问题自然会由另外一个问题的解答而得到解答：是什么使雇佣工人、资本家、土地所有者成为社会三大阶级的成员？①

马克思作为革命家，其实一生都在与阶级、与阶级斗争的问题打交道，但却似乎只是在《资本论》研究的最后才为自己提出了这个关涉阶级本质的问题。但也正因为这一追问，让我突然发觉，原初看起来并不成为问题的问题，现在却突然成了问题。因为在我看来，那个站在讲台上给工人们讲述雇佣劳动与资本的马克思，不会觉得"是什么形成阶级"会是一个问题。因为在资本主义社会中，生产资料归谁所有，似乎成了阶级划分与对立的根据与源泉。

然而，现在马克思的自我提问，与其说是马克思在拓展研究视域，不如说他似乎在对自己的阶级问题提出一些重新思考和审视。因为在对这一阶级形成源泉的追问当中，不再是直接从所有权出发，即生产的起点出发，而从收入源泉出发，即是

① 《资本论》（节选本），人民出版社 2018 年版，第 600 页。

从生产的终点出发。尽管收入源泉仍然会使讨论被回溯到所有权的问题，但由于出发点不同，反而使问题变得复杂起来。

但面对这个复杂问题，马克思却在此后，仅仅写了两段话来加以阐述。

在第一段中，马克思强调了"收入和收入源泉的同一性"，也就是说，工资、利润和地租，作为生产的终点，不同的收入类型，本质上却也不过是对应于那些不同阶级具体个人的劳动力、资本和土地所有权。这一说法让我突然明白了，马克思在此还是试图将李嘉图的那种按照收入分配来理解资本的方向拉回到自己从所有权逻辑出发来划分阶级的路径之上。

紧随其后的第二段，也是整个《资本论》第三卷的最后一段话，马克思沿着立足于收入源泉的逻辑展开阶级划分的推演，他的语气究竟是一种调侃式的批判，还是一种认真的自我反思与质疑，则显然需要我们细细品味。

马克思这样说："不过从这个观点来看，例如，医生和官吏似乎也形成两个阶级，因为他们属于两个不同的社会集团，其中每个集团的成员的收入都来自同一源泉。对于社会分工在工人、资本家和土地所有者中间造成的利益和地位的无止境的划分，——例如，土地所有者分成葡萄园所有者，耕地所有者，森林所有者，矿山所有者，渔场所有者，——似乎同样也可以这样说。"①

不知当大家读到马克思这段话表述之后，会不会和我一样，产生一点疑惑：马克思对于这种无止境的划分究竟持怎样的态度呢？肯定还是否定？

对这一问题的回答显然是并没有得到普遍共认的答案的。但因为这段话成为马克思留给我们的最后一段话，我还是忍不住想将我的一些小想法分享给大家：

第一，马克思还是那个试图在经济架构当中探寻阶级矛盾的思想家，因此他才能将他最后的理论落脚点放在对阶级的分析当中。

_____

① 《资本论》（节选本），人民出版社 2018 年版，第 601 页。

第二，马克思还是那个试图以所有权为核心去划分阶级的革命者，因此，我们能否将他在此的这些表述视为是对李嘉图式的阶级讨论模式的一种批判性的反思？当每个具体的职业都可能成为阶级划分的标准，从而形成一种无止境的划分，这怎么可能还是一种恰当的理论研究方案呢？

第三，虽然马克思在现实生活中的确看到了更为丰富的阶级表现形式，发现了一些过渡和中间的阶层，但他们的存在也只是一些帮助他丰富阶级理论的旁证，而非主流。

当然，所有这些表述，都还只是我个人对于这一阶级残篇的一次狂想，是否能够契合马克思在中断中给我们的留白，一切都随着马克思的过世不得而知了。

第十六章

马克思的荣耀与耻辱

——给《祖国纪事》编辑部的一封信

◆ 马克思给俄国《祖国纪事》杂志编辑部的信的一页

　　在马克思逝世之后，恩格斯的重要工作就是整理出版马克思《资本论》第二、三卷。在这一过程中，很多马克思的重要文献都被恩格斯重新发现。比如被恩格斯称为马克思的"天才大纲"的《关于费尔巴哈的提纲》虽然写作于 1845 年，但却是恩格斯在 1888 年左右才在马克思的遗稿中发现的，并附录于他的《路德维希·费尔巴哈与德国古典哲学的终结》一文之后。同样，今天我即将要和大家一起读到的这封短小精悍的信札，也是恩格斯在整理马克思的遗稿当中偶然发现的。这是一封马克思写于 1877 年 10 月至 11 月间的信，收信人是当时在俄国出版发行的一本文学政治月刊，杂志的名字叫作《祖国纪事》，是一个带有革命民主主义性质的杂志，在它的主要撰稿人的名单当中我看到了几个俄国思想界的名人，比如维·格·别林斯基、亚·伊·赫尔岑，以及伊·谢·屠格涅夫等。

马克思给《祖国纪事》编辑部写信的目的，仍然是在与人争辩。马克思终其一生以近乎零容忍的态度面对所有带有反动性质或歪曲他的观念的那些人。但此刻接近 60 岁的马克思，在坚决悍卫自身观点的同时，却似乎多了些现实的考量。因为在最了解他的老朋友恩格斯看来，马克思的信"看来是准备在俄国发表的，但是没有把它寄到彼得堡去，因为他担心，光是他的名字就会使刊登他的这篇答辩文章的刊物的存在遭到危险"①。换句话说，革命家马克思的名气太大了，以至于单单只是他的名字出现的地方，就可以产生革命的气息。显然此刻的马克思对自己的这个"盛名"也颇为自知，为了不给刊物带来麻烦，他只是将这封写好的信夹在了自己的一沓文件当中。

但思想的珍珠总是不会被淹没。这封信由于包含晚期马克

---

① 《马克思恩格斯选集》第 3 卷，人民出版社 2012 年版，第 1099 页注释 397。

思有关人类社会历史发展的重要思想而成为今天马克思经典文献当中不断被提起的重要篇章。

马克思在这篇文章中想与之论辩的是一个叫作尼·康·米海洛夫斯基的人，他是一个俄国的民粹主义者。他曾在 1877 年 10 月的《祖国纪事》当中发表了一篇题为《卡尔·马克思在尤·茹柯夫斯基先生的法庭上》的文章。这篇文章虽然看起来像是捍卫马克思，批判作为资本主义自由主义庸俗政治经济学家茹柯夫斯基的，但从马克思对米海洛夫斯基的批评当中，我们可以清楚地看到，这种辩护，无论是从引述马克思的原文方面还是观点方面似乎都没有切中要害，因此既没有能够帮助马克思打败对手，也没有完全准确理解马克思的观念。

在了解了这一知识背景之后，如果你并不那么了解近代俄国的发展历程，或者对于我刚刚和大家提到的那些名字、思潮以及马克思和俄国的关系都不是很熟悉，那么可能会听得一头雾水。所以我觉得有必要在进入这封信之前给大家再交代几句。

马克思在信中所要批评的这位俄国的"辩护师"米海洛夫

斯基，在俄国的民粹主义思潮的历史上也的确不是一个代表人物，但他却将一个盛行于 19 世纪中后期的俄国思想界的民粹主义思潮带入我们的视野当中来。这一思想流派所依托的是一种建基于俄国的公社制度基础上而产生的农民社会主义思潮。这一思潮的基本观点是：如果说在俄国社会农民生活里公社制度盛行，那么俄国就应当可以走出一条不同于西方资本主义自由主义道路之外的另一条发展路径。因为在这个农民组成的公社当中天然带有公有制色彩，而在这些俄国的民粹主义者中，很多人都曾经是空想社会主义思潮的追随者。他们因此仿佛在俄国的这一独特制度当中看到了共产主义幽灵的现实化。因此这些思想家在极力推崇公社制度的基础上创造了一个"似乎"与马克思的唯物史观相违和的理论主张，那就是：俄国可以走农村公社的道路，而这条道路同样能够带领人走向马克思所设想的共产主义社会。

马克思其实从 19 世纪 70 年代之后就开始关注俄国问题。现实中，俄国沙皇与德国、法国之间存在着微妙的外交平衡；后来，马克思也将对俄国的研究从政治外交的关注逐渐转向了对主导俄国的这个经济基础之上的公社制度的考察，并逐渐开始关注俄国民粹主义思想家。在《资本论》中对于民粹主义的代表人物，如赫尔岑以及车尔尼雪夫斯基的一些观点都给出了一些较为肯定性的评价。

当然，如果你对于马克思在这段时间的革命斗争实践更为熟悉的话，你一定会想起一个与马克思有着直接面对面交锋的俄国革命者巴枯宁，他与马克思曾经都参与到第一国际的运动当中，在对资本主义的批判和革命的主张上高度相似，但最终却在对未来社会是否需要国家，或者说，在何种意义上需要国家，产生了分歧。在巴枯宁所设想的未来社会架构中，他彻底地否定了国家存在的意义；而马克思却更为冷静而现实地主张在资本主义国家与共产主义之间存在着一个工人国家，即马克思在《哥达纲领批判》当中所说的无产阶级专政的过渡阶段。

或许你会觉得，马克思与巴枯宁的这个差别好像也没有那么大嘛？其实不然。正因为巴枯宁的这个彻底无政府主义立场，致使他最终在组织内部推行密谋与暗杀等极端的行为，并将这类行为视为是一种捣毁资本主义的可能策略。这显然是马克思所不能容忍的。两者之间的辩论和斗争持续了相当一段时间，最终以马克思的胜利而告终。当然马克思的胜利并不仅仅因为他一贯出色的辩才与科学、严谨的理论研究，同时还因为巴枯宁所领导的各种所谓的革命运动在现实当中屡屡挫败。事实证明，巴枯宁那莽撞因而显得无知的密谋"革命"，在现实面前，如同一个儿童过家家的游戏，全无真正的号召力。

但巴枯宁的这种幼稚的革命方略，在俄国民粹主义随后的发展中似乎并没有完全消失。1878—1879年间，由俄国民粹主义建立的"土地和自由社"却仍将发起恐怖行动作为主要的革命行动，最终导致了这个唯一较为完善的民粹主义的组织发生了分裂：这个组织被分成了一个以刺杀沙皇为唯一事业的"民意党"和一个反对谋杀、坚持建立公社自治的"土地平均社"。1881年，出人意料的是，这个"民意党"真地完成了自己唯一的革命事业，炸死了沙皇亚历山大二世，这个组织也走到了自己的高光时刻。随着沙皇政府的镇压，"民意党"的执委会被全部消灭，其余的组成人员也都已经退化，接受了调和妥协。而民粹主义中的另一派"土地平均社"则再度分裂，其中由普列汉诺夫所领导的一派建立了"劳动解放社"。这一组织最终全面认同了马克思主义的基本思想。而众所周知，普列汉诺夫也成了马克思主义之后最为著名的俄国马克思主义理论家。

有关于俄国民粹主义的故事，我就和大家讲到这里了。从他们的发展历程来看，这一组织，严格来说，在理论上仅仅依赖于一种对共产主义理念的热爱，并基于近乎完全的自发的民族主义的立场，没有任何科学的研究和指导，最终带来的只能是革命实践上的莽撞与无知。但这一流派对马克思主义理论的推进所产生的重要影响却也正因其独特的民族主义立场，创造了一个所谓的俄国道路的"独特性"与唯物史观所构筑的历史规律的普遍性之间的矛盾问题。这个问题确实是一个真正的马克思主义者不得不思考的真问题。

我们一般都会认为马克思的唯物史观创造了一个带有普遍性的历史规律性的表达，其中生产力与生产关系所构筑的经济基础成为理解和把握整个人类历史的一把钥匙。这大约可以视为生活在 19 世纪理性主义勃兴的时代，所有思想家所共有的一种理论冲动：即用一条理论的主线一揽子将人类历史的所有故事都纳入其中。我相信，马克思也曾为这一理性主义历史观的大厦添砖加瓦。

直至 1867 年出版的《资本论》第一卷中，马克思似乎还在努力为自己曾给这个历史找到了一个普遍适用的理性主线而辩护。例如在"商品章"的一个长长的注释当中，马克思回应

了一家在美国的德文报纸对他的指责。这家报纸认为马克思在
《政治经济学批判。第一分册》中所提出的物质生活的生产方
式制约着整个社会生活的说法只适用于现今世界，但却不适用
于天主教占据统治地位的中世纪，也不适用于政治占统治地位
的雅典和罗马。马克思对此给予了针锋相对的批评：

> 首先，居然有人以为这些关于中世纪和古代世界的人
> 所共知的老生常谈还会有人不知道，这真是令人惊奇。但
> 有一点很清楚，中世纪不能靠天主教生活，古代世界不能
> 靠政治生活。相反，这两个时代谋生的方式和方法表明，
> 为什么在古代世界政治起着主要作用，而在中世纪天主教
> 起着主要作用。此外，例如主要对罗马共和国的历史稍微
> 有点了解，就会知道，地产的历史构成罗马共和国的秘
> 史。而从另一方面说，唐·吉诃德误认为游侠骑士生活可
> 以同任何经济形式并存，结果遭到了惩罚。[①]

读到这一段，大家可以清楚地感受到马克思对贯穿"欧洲"
各个不同历史阶段所共有的内在经济架构的捍卫：不管是中世

---

① 《资本论（纪念版）》第 1 卷，人民出版社 2018 年版，第 100 页注释 33。

纪还是古代社会，占据主导的生活方式的根本规定仍需要到物质生产当中去找寻它们生成自身的源头。但另外，我却不得不提醒大家注意一点，那就是马克思在自信满满地提到自己的物质生产规律的普遍适用的时候，所覆盖的，就其地域范围而言，仍然是当时欧洲大陆的不同历史发展阶段。我确信，这一点指认对于大家再去思考马克思在阐发那个历史规律的普遍性所特有的坚定，会很有裨益。这意味着，马克思在面对历史规律的问题上，从未将自己的阐释范围毫无限度地加以扩张。大约正是因为这一点马克思特有的谨慎，促使在 10 年后的马克思能够对俄国道路的特殊性也拥有着极为坚定而自信的表述，并且在马克思的表述当中，我并没觉得，对俄国道路之特殊性的推崇与他所构筑的普遍的历史规律之间的冲突，在马克思那里成为无法跨越的理论鸿沟。或者不妨说：在马克思的辩证法中，历史特殊性与历史的普遍性之间并不是一个非此即彼的关系。

做了如上交代，我现在可以和盘托出马克思在这封信中所提出的一个基本观点。对这一观点的表达首先是由那个名不见经传的俄国民粹主义者米海洛夫斯基对马克思的误解所激发出来的。在米海洛夫斯基看来，马克思并不会同意这样一个看法:"俄国可以在发展它所特有的历史条件的同时取得资本主义制度的全部成果,而又可以不经受资本主义制度的苦难。"① 马克思是否会同意米海洛夫斯基的判断? 在此,马克思虽提出这个问题,但却并没有直接给出一个回答:

> 我的可敬的评价家既然可以根据我同那位俄国"文学家"和泛斯拉夫主义者的争论得出我不同意他关于这个问题的观点的结论,那么,他至少也同样有理由根据我对这位"俄国的伟大学者和批评家"的尊重断定我同意他关于这个问题的观点。②

马克思的这个回应足够转弯抹角,的确需要大家费些气力才能发现:马克思并不同意米海洛夫斯基对他的判断。但为何一个从不掩藏自己立场和观点的马克思,在此却如此隐晦地去表达自己的看法呢? 我想问题的关键在于马克思的确认为俄国可能会生发出一条独特的道路,但对这一道路是否能够不经过资本主义却还能拥有资本制度的全部成果表示有待进一步考

---

① 《马克思恩格斯选集》第 3 卷,人民出版社 2012 年版,第 728 页。
② 《马克思恩格斯选集》第 3 卷,人民出版社 2012 年版,第 728 页。

察。因此对这个关于俄国道路的命题，马克思此刻真实的想法，应该是所有保留的肯定。

马克思的这一独特立场，在这封信的第二部分中得到了更为直接而清晰的表达：

> 我的批评家可以把这个历史概述中的哪些东西应用到俄国去呢？只有这些：假如俄国想要遵照西欧各国的先例成为一个资本主义国家——它最近几年已经在这方面费了很大的精力——，它不先把很大一部分农民变成无产者就达不到这个目的；而它一旦倒进资本主义制度的怀抱，它就会和尘世间的其他民族一样地受那些铁面无情的规律的支配。事情就是这样。①

这个观点的表达，马克思知道，一定不会令俄国民粹主义者高兴。因为马克思在此显然更多地仍在强调资本主义制度在俄国发展道路上的不可避免性。但随即，马克思却又将话锋一转，为这个略显明确的观点重新注入了一种可能性。

---

① 《马克思恩格斯选集》第 3 卷，人民出版社 2012 年版，第 729—730 页。

马克思是这样说的：

> 他一定要把我关于西欧资本主义起源的历史概述彻底变成一般发展道路的历史哲学理论，一切民族，不管它们所处的历史环境如何，都注定要走这条道路，——以便最后都达到在保证社会劳动生产力极高度发展的同时又保证每个生产者个人最全面的发展的这样一种经济形态。但是我要请他原谅。（他这样做，会给我过多的荣誉，同时也会给我过多的侮辱。）①

刚刚为大家念出的这段话，极为重要。马克思实际上将那个历史规律限定在了一个西欧的资本主义范围之内，这对于生活在理性主义时代的思想家来说，实在是难得的自觉与清醒。因为在那个年代，为人类历史构筑一条内在的发展逻辑并被认可，这从来都是理性主义哲学家最大的荣耀，而现在马克思却将它视为自己的"耻辱"。但这一判定却绝非出自马克思的理论自谦，而是出于对他自身的全部理论的准确定位：唯物史观的关键在于用特定的历史性的视域来分析人类社会与历史的理

① 《马克思恩格斯选集》第 3 卷，人民出版社 2012 年版，第 730 页。

论形态，而非构建一个一般的历史哲学理论。正如在这封信的最后，马克思所说的那样：

> 使用一般历史哲学理论这一把万能钥匙，那是永远达不到这种目的的，这种历史哲学理论的最大长处就在于它是超历史的。①

在此，马克思未曾言明的是：所有那些超历史的历史哲学理论也从来都不是唯物史观。

需要和大家说明的是，我们对于这封信的解读虽然在此可以告一段落了，但马克思对于俄国问题的全面关注却就此拉开了序幕。

---

① 《马克思恩格斯选集》第 3 卷，人民出版社 2012 年版，第 730—731 页。

第十七章

跨越『卡夫丁』

◆ 马克思 1881 年给查苏利奇的信（初稿第 3 页）

19 世纪 80 年代，俄国的女革命家维拉·查苏利奇作为俄国民粹主义的追随者已经有过两次牢狱之灾、三次流亡之痛，而她为之奉献的俄国民粹主义却处于四分五裂之中。这位出身封建小贵族家庭的女孩逐渐成熟起来，不再想要随波逐流时，她发现了马克思主义；此后，她与两位这一思想的创始人保持了长久的通信与联系。翻译了马克思的很多著作。我在上一章刚刚为大家讲述的那篇马克思写给《祖国纪事》编辑部的信，原文是用法文写的，恩格斯特别邀请了查苏利奇来翻译成俄文，最终发表出来。她的这类工作已经是做得非常之好，以至于恩格斯在很长一段时间都认为《共产党宣言》的俄文版是由"英勇无畏的维拉·查苏利奇翻译的"①（恩格斯语），但实际上却是他的学生李卜克内西翻译的。恩格斯甚至对这个错误始终不予修改，在《共产党宣言》的5个序言当中不断重复提到，直到1894年才在另外一篇有关《〈论俄国的社会问题〉跋》当中纠正过来。

能干的查苏利奇也似乎很快将马克思和恩格斯当作自己重要的思想导师，常常会写信来询问各种问题。因此在马克思、恩格斯的通信集当中，给查苏利奇的数量很不少。当然在大部分的信件当中，我们所获得的不过是一个个马克思、恩格斯的现实生活场景的还原，但唯独这封发出于1881年2月16日查苏利奇写给马克思的一封信②，以及马克思于1881年3月8日的一封回信，成为研究马克思思想发展史无法绕过的一个理论文献。因为在这封信中，带着一种为俄国现实探寻发展道路的理论真诚，查苏利奇向马克思提出这样一个请求：

如果你能说明你对我国农村公社可能的命运以及关于

---

① 《共产党宣言》，人民出版社2018年版，第11页。
② 查苏利奇写信，是请求马克思谈谈他对俄国历史发展的前景，特别是对俄国农村公社命运的看法。

世界各国由于历史的必然性都应经过资本主义生产各阶段
的理论的看法，那么，这将使我们获得极大的帮助。①

就这样，马克思在给《祖国纪事》编辑部写完那封没有发
出的信之后，时隔 3 年，再一次遇到要对俄国问题给予回应的
追问。这一次，马克思似乎不太想用绕道而行的方式来回答
了。因为在这期间，马克思已经悄悄地在他的笔记本上开始摘
录大量历史学的研究著作，形成了 4 大本的研究笔记。这些笔
记，当然不是马克思准备发表的，正如他留给我们的庞大的政
治经济学批判手稿一样，都是马克思为了搞清楚问题而自己撰
写的一些思想草稿。这些笔记按照时间顺序排列，起始于罗马
帝国的崩溃，终止于欧洲三十年战争，其中主要涉及遍布欧洲
各国的政治历史事件。这个笔记的呈现方式是碎片式的，记录
的大部分是一些事实材料，它同样由恩格斯在整理《资本论》
第二卷、三卷的过程当中发现的。由于这些材料都没有做必要
的分类，恩格斯所能做的也只能是按照原样将它们排列下来。
由此就形成了今天被我们称为马克思的"历史学笔记"的相关

---

① 《马克思恩格斯选集》第 3 卷，人民出版社 2012 年版，第 1112 页注释
448。

文献。

这部笔记从出版以来并没有得到理论研究界的重视。很多人觉得这不过是一些散乱的历史事件的记录，没有太多马克思本人富有价值的评述。但近年来也有学者对马克思的这部笔记十分感兴趣，认为这种片段化的事件性历史叙事的记录和表达，本身就透露出马克思在完成政治经济学研究之后，更加侧重于探寻人类社会发展的特殊性。这些片段化的世界历史图景或许正是晚年马克思再度遭遇复杂而真实的现实历史的一次历险。因此在“历史学笔记”当中，人们再也没有看到马克思试图以全部人类社会发展规律作为谈论背景而展开的思考。

在此，我似乎又在带领大家绕道前行。但“历史学笔记”的记录时间正是在马克思回复查苏利奇这封信的时间节点当中，这个巧合很重要。这意味着此刻正在为自己逐渐敞开一个丰富广袤、多样化的世界历史图景的马克思，一定会以一种微观化的研究视角来敞开自己对俄国问题的思考。对于大量历史细节的考察将全面替代一个简单的结论。

但如果你只是看到那封正式从马克思那里寄出、被查苏利奇收到的回信，你可能会感到有些失望，这封信不仅极为短小，而且仍然不过是引用了马克思自己在《资本论》中有关原始积累讨论当中的一段话。对于查苏利奇之问所给出的回答，不过就是重复了他在给《祖国纪事》编辑部的那封信中所给出的一种说话：

> 在《资本论》中所作的分析，既没有提供肯定俄国农村公社有生命力的论据，也没有提供否定农村公社有生命力的论据，但是，我根据自己找到的原始材料对此进行的专门研究使我深信：这种农村公社是俄国社会新生的支点；可是要使它能发挥这种作用，首先必须排除从各方面向它袭来的破坏性影响，然后保证它具备自然发展的正常条件。①

我设想了一下，如果是我拿到了这封回信，我一定会迫不及待地继续追问马克思："尊敬的马克思，如果农村公社是俄国社会新的增长点，它究竟能否让俄国走出一条不同于西方欧洲资本主义的道路？您所谓的要排除那些破坏农村公社的影响具

① 《马克思恩格斯选集》第 3 卷，人民出版社 2012 年版，第 840 页。

体指什么？而能保证农村公社自然发展的正常条件又是什么？"

查苏利奇是否如我一般穷追猛打，已经不得而知。但有意思的是，直至 1924 年在俄文版的《马克思恩格斯文集》中，我们才第一次发现原来马克思为了撰写这篇精悍的回复竟然先后拟了 4 个草稿。篇幅也从初稿的十几页，变成了最后回信的两页纸。这个变化着实让人感到好奇。究竟是什么原因，让马克思在不断修改的过程中做了如此大篇幅的删减？在这个删减当中所透露出的究竟是马克思对俄国农村公社的质疑，还是马克思对自己这种理论阐释方式的迟疑？回答没有定论。但无论如何都显露了俄国道路问题对马克思几近完成的唯物史观而言，或者是提出了巨大的挑战，或者是一个有效的补充。而给查苏利奇的这封回信也因为存在着前三个初稿才变得如此举足轻重。因为正是在这前三稿当中，我刚刚所设想的那些需要继续追问马克思的问题，几乎都得到了回应。

现在就让我们耐下心来，回到马克思最初的原始草稿当中来看看这位实践上永远呼唤革命，同时又能在理论上保持谨慎的革命导师马克思究竟会如何迎接这个全新的挑战。

要读懂这几篇草稿，我还需要给大家谈谈俄国的农村公社。这个特殊的经济形式是独属于近代 19 世纪的俄国。俄国的农民是这个公社的主人。它天然带有着一种自治色彩。俄国政府并不统摄公社内部事物，在公社内通过选举选出了一个德高望重的老人们组成的长老会来统一管理公社。公社的所有制形式是特别需要关注的：它一方面是公有制，所有的耕地都是属于公社共有的，分配给公社成员来耕种，公社共同承担赋税和兵役；但另一方面，耕种所得到的产物却归社员私有。这意味着在俄国农村公社内部同时兼容着公有制与私有制。由于俄国在 19 世纪的欧洲工业化程度并不高，并且农业也始终是它重要的经济基础，所以在当时俄国社会中占据统治地位的经济形式竟然是这个带有前资本主义色彩的俄国农村公社。它成为与近代资本主义并行不悖的一种经济模式存在着。

这个俄国农村公社的独特性在于在它内部混合并存着两种所有制形式，就公社自身而言，公有制也的确是它的基本所有制形式。俄国的民粹主义也正因为公社内部所有制的这种含混性而感到了兴奋，认为俄国天然存在着共产主义得以成立的可能性条件。而在我看来，大约也正是在这一点上，马克思始终无法给予俄国民粹主义者正面的肯定的回答。因为在马克思看来，能够为未来的共产主义奠基的可能性条件，并不在于是否存在公有制，反而是建基于私有制基础上的资本主义社会所创造的巨大物质财富。所以冷静的马克思面对俄国的农村公社，并不会仅仅依赖于找到一点公有制的相似之处，就匆忙认为俄国的这个特例可以真的突破他依赖于科学研究而得出的结论。

但革命家马克思不是冷血动物，而是一个总是将人类福祉作为全部革命最终目的的人。面对俄国民粹主义带着玫瑰色的想象去勾勒出的一个避开资本主义吸血鬼的美好愿景，马克思似乎也有些心软，他准备顺着俄国农村公社的现实逻辑去仔细考查一下，看看这个复杂的混合体，这个欧洲历史中非正常的儿童，是否有它可能的另外一条成长道路。

马克思在给查苏利奇的初稿信件当中是这样展开他的思考的：

首先，马克思显然有点好奇，这种带有原始公有制色彩的社会形式在西欧其他地区都逐渐消失不见了，为什么唯独在俄国却被保留了下来。马克思提出的理由没有涉及俄国独特的地理环境，他所关涉的是俄国的农民公社已经作为一个既定的事实存在了下来，它与当代资本主义并存，并同时没有遭受资本主义所遭受的危机，甚至资本主义当下所遭遇的危机的全部出路竟然就是回归到古代类型的公有制。这意味着，俄国公社不仅没有遭受到资本主义危机所带来的社会创伤，而且还似乎是它们的希望。但从马克思的行文当中，我隐约感到了马克思对这个古老而庞大帝国的历史与当下，还缺乏他对西欧社会那样的了解，因此马克思虽几易其稿，最终对于这个俄国农民公社为什么可以被保留下来，并没有给我们一个富有历史纵深感的解释。因此在最终给查苏利奇的信里，这部分几乎都被删除了。

接下来，马克思实际上为自己提出的问题是：这些俄国农民公社的基本特质究竟是什么呢？马克思曾在评述巴黎公社的时候将公社制度视为超越国家，构筑人类未来的一种可能方式。但面对眼前这个既存的公社，马克思却多了一些冷静的旁观。马克思在纯粹理论上对这个公社的基本特质给出概括：包括公社是建立在地域之上，而非建立在血缘之上，公社中包含着私有制与公有制的混合等。

从这些概括当中，马克思理论家特有的洞察力不经意间再次显现了出来：他指出农村公社中存在着一个显而易见的二重

性：一方面，可能带来一种在公有制前提之下发展个性的可能
性；但另一方面，却也看到在一个物质财富没有得到充分发展
的前提下产生的分配不公，或者说，公有制与私有制的并存为
公社带来的不是走向未来社会的更大可能性，而是带来公社的
自我分裂。

基于对俄国公社的这些基本见解，马克思在回信的初稿
当中对查苏利奇的俄国道路问题给出了一个较为直接明了的
回答：

> 农业公社时期是从公有制到私有制、从原生形态到次
> 生形态的过渡时期。但这是不是说，不管在什么情况下，
> “农业公社”的发展都要遵循这条道路呢？绝对不是的。“农
> 业公社”的构成形式只能有两种选择：或者是它所包含的
> 私有制因素战胜集体因素，或者是后者战胜前者。先验地
> 说，两种结局都是可能的，但是，对于其中任何一种，显
> 然都必须有完全不同的历史环境。一切都取决于它所处的
> 历史环境。①

---

① 《马克思恩格斯选集》第 3 卷，人民出版社 2012 年版，第 824 页。

在此马克思已经明确表态，农业公社在历史上的消亡和发展本来就是一个因时而异、因地制宜的过程，因此俄国农业公社的未来也同样应该是在俄国自身特质基础上所展开的一个未来。马克思在初稿中极为难得的对俄国公社的未来道路做了如下规划：

> 一方面，土地公有制使它有可能直接地、逐步地把小块个体耕作转化为集体耕作，并且俄国农民已经在没有进行分配的草地上实行着集体耕作。俄国土地的天然地势适合于大规模地使用机器。农民习惯于劳动组合关系，这有助于他们从小地块劳动向合作劳动过渡；最后，长久以来靠农民维持生存的俄国社会，也有义务给予农民必要的垫款，来实现这一过渡。另一方面，和控制着世界市场的西方生产同时存在，就使俄国可以不通过资本主义制度的卡夫丁峡谷，而把资本主义制度所创造的一切积极的成果用到公社中来。①

马克思这段话对俄国道路的分析带有着典范性的意义，由

---

① 《马克思恩格斯选集》第3卷，人民出版社2012年版，第824—825页。

此而形成的所谓"跨越卡夫丁峡谷"的命题，不仅成为随后展开的俄国革命和改革的理论武器，而且始终作为一种可能性的方案激励着后发国家在被迫卷入现代化的浪潮过程中始终不要忘记对自身独特的历史与社会情景的考量。资本主义社会，这个每个毛孔都流着血和肮脏的东西的体制，在马克思的内心仍然如同一个人类社会发展的创伤和耻辱——尽管它拥有推动历史发展的强大力量，却仍是马克思试图逃离的人间地狱。

俄国道路的问题、查苏利奇的信，让那个在大英博物馆里沉思的马克思在进行了如此冷静的科学研究之后，终于再度袒露出曾在他的青春岁月中洋溢着的饱满的人道主义关切。

因此，我们或可这样说，《资本论》研究期间的马克思构筑了令人战栗的辩证法，令人恐惧的经济学，并最终将哲学家们用来解释世界的理论直接变成了改变世界的武器。

也正为此，恩格斯在他墓前讲话的最后这样说道："他可能有过许多敌人，但未必有一个私敌。"①

---

① 《马克思恩格斯选集》第 3 卷，人民出版社 2018 年版，第 1004 页。

　　我想象不出，还有什么比这个判定更符合马克思斗争的一生！

　　而这，也是我所理解的马克思！他和他富有现实力量的思想注定成为刺穿一个时代的利剑；而他和他的面孔，也为此，在我的脑海里散发着永不退去的青春朝气。

为什么阅读马克思是有趣的？

不知不觉，我们的"趣读马克思"之旅来到了它的终点。从第一本《青年马克思是怎样炼成的？》到今天这第三本"趣读马克思"系列，其中的每一章都如同路途中的一个个驿站，汇聚着我们对于一路风景的回望品鉴，以及对下一旅程的期待。如今在旅途的终点，要与同行的大家说再见了，多少有些依依不舍。因此，离别之际，还想多说两句多余的话。

在这"趣读马克思"系列的三部曲中，我所试图呈现出的是马克思的多副面孔，试图还原的是一个拥有着喜怒哀乐的活生生的马克思。这个马克思与他的思想一旦成为一种被人们学习、理解和研究的对象之后，难免会变得严肃起来。当然，严肃，对于一种伟大的思想而言总是其题中应有之义，但问题在于，严肃的理论却难免陷入所谓"可爱的就不可信，而可信的就不可爱"的两难处境。马克思，这位殿堂级的思想家，对于200多年后的年轻人来说，似乎正在变得越来越难以接近。时代变了，读者变了，马克思的思想何以仍具有其不竭的影响力呢？

也许，这个问题本身的提法应该转变为："为什么今天的我们还有兴趣和动力去阅读马克思？"在我看来，原因很简单，因为马克思在我们当前的时代仍然是有趣的。

"有趣"的英文表达为 interesting，它与"利害"、"利息"以及"旨归"的英文表达是同源词。换言之，能引发人们兴趣的一定是与人休戚相关的思想。今天，当资本逻辑以加速的方式蔓延全球，作为最早的也是最为系统的资本批判大师——马克思，他的思想光辉当然不是消失了，而是以其富有预言性的表述吸引了更多正在探寻从资本中逃逸的当代思想者的目光。马克思是第一个，也几乎是最后一个，让思想直接转变为一种物质力量从而改变了世界面貌的思想家。我几乎无法想象，如果没有马克思，今天的世界会是什么样子。如今我们正处于一个时代的大变局之中，面对这一大变局，哲学的回应不仅是可能的，同时也是必需的！

一个时代没有哲学的声音，不是哲学的贫困，而是时代的贫困。

马克思的哲学从来都不具有一种贫乏与无力意义上的贫困；相反，在他的哲学中我们总是能够听到一种特定时代的呼吸声。

马克思是时代的同行者，这决定了他的思想总在与时俱进中显现出一种与我们休戚相关的东西。于是马克思的有趣，就从来不仅仅在于他语言的幽默与犀利，而更多的是他对特定时代所产生的阐释力。因此在"趣读马克思"系列的三部曲中，我不得不承认并非所有这些讲述都是生动有趣的，但我却努力在一种与时代休戚相关的意义上去展现马克思思想的"有趣"，同时也是勾勒一种他思想的"有力"。希望我所给出的这个"有趣"且"有力"的马克思，能够让你们真正感受到那曾经穿透时代的思想的力量。

马克思的思想为什么是有趣的？

在一个被内卷逻辑所填满的加速主义时代中，各类型的喜剧成为人们生活中不可或缺的精神消费品：严肃的电影都变成了短视频的素材，长篇的博客都被切分为微博，甚至于哲学也可以被"脱口秀"化，所有这些努力似乎都在完成一件事：让我们的生活变得"有趣"，以缓解被资本逻辑所统御的世界带给我们的疲惫与焦虑。

但正如我在"趣读马克思"的三部系列中曾反复强调的那样，真正的有趣，却并非出自有意为之的搞笑，而是让人产生切身的共鸣。正是对这一"有趣"的笃定，让我敢于为这三部试图带领读者直面马克思全部经典文献的"小书"冠之以"趣读"之名。因为我始终认为,我借助于马克思的经典文献所勾勒出的那个马克思的思想肖像是时代的同行者,于是他的思想总在与时俱进当中显现出一种与我们生活的休戚相关。于是马克思的有趣,就从来不仅仅在于他语言的风趣与犀利,而更多的是他对于特定时代所产生的阐释力。因此在"趣读"三部渐次展开中,我不得不承认并非所有我所给出的阐释都是生动有趣的,但我却努力在一种与时代休戚相关的意义上去展现马克思思想的"有趣"。

需要特别指出的是,马克思与当下时代的休戚相关并非仅仅源于某种学术生产的需要,它蕴含着无法回避的真实性。马克思的思考虽然源发于 19 世纪中叶的社会现实,但他却准确捕捉到一个新的时代所需要的一个新的哲学范式的转换。如果说在近代之前,全部哲学的问题还拘泥于关于世界的本源是什么(本体论问题)以及我该如何认识这个世界(认识论问题),那么伴随着近代市民社会的兴起,以经济的普遍交往为基础的社会现实不仅从根本上消解了哲学与时代之间"貌似"无关的外在表象,同时还从根本上改变了新时代的哲学基本问题。即便是在马克思所身处的德国古典哲学传统之中,那些曾经只知对着壁炉在头脑之中爆发一场场形而上学革命的哲学家们,也开始将诸如家庭、市民、警察、同业工会以及国家等问题纳入到哲学体系之中来加以思考。因此尽管马克思以一种近乎批判的姿态来评价"哲学"与"哲学家",但马克思却显而易见地是作为一个哲学家的角色来探索"何为资本"的问题。哲学作为时代精神的精华,在马克思所生活的19世纪之中被凝练为"资本"逻辑的诞生及其蔓延。因此马克思对资本的批判就构成了19世纪以来的哲学的基本内容以及本质属性。这一哲学主旨无法被纳入到诸如本体论抑或认识论的视域之内,它所代表的是一种新的社会哲学的思考路径与问题意识。

今天成系统的学科划分,让马克思所提出的并给予了深入探讨的哲学问题(诸如唯物史观、资本逻辑等)都似乎找不到一个合适的位置。甚至于马克思思想是否还是一种严格意义上的哲学都成为了一个需要论证的命题。然而随着当代资本逻辑与科学技术诸多新形态的层出不穷,时代问题越来越无法以清晰的学科划分的方式得到回答,反而是如同马克思这样的以问题为导向的研究路径似乎更符合这个时代所展现出的某种客观精神的表达。

换言之,以技术和资本逻辑相互支撑所构筑的当今世界,正在呈现出一种不以任何人的意志为转移的态势展开自身，它对我们所产生的切肤之痛（抑或也是一种切肤之快？）之根本原因，往往并不来自于某一个单一学科所产生的专业知识的提供。例如不管我们如何清楚地了解 deepseek 的运行原理，我们仍然无法理解为什么一个大语言模型会让股市动荡，让很多行业从业人员恐慌，而对后者的讨论，在根本上必然要触及关于"人是什么"，人在今天这个被技术和资本的世界所包裹的世界之中处于怎样的一种生存样态等更富有关切性，因此也是更有趣的话题之中。对这些有趣的话题的回答，却从来不能依赖于几个"恶搞"的短视频、无意义的调侃与看似针砭时弊的讽刺就可以表达的。在今天看似被切割为碎片化的生存样态需要一个真正宏大的理论叙事才能得到真正切身的、因此也是真正"有趣"的回答。

我正是在这一意义上，试图复活一个充满时代关切的马克思，因此也是一个有趣的马克思——因为正是在这样一个有趣的马克思的指引之下，我们似乎才能真实的读出这个时代的"有趣"。例如我们刚刚提到的技术迭代对社会产生的根本性影响，从来不能仅仅从技术的自我演进中得到说明，它尤其需要我们回到马克思有关"资本批判"的哲学思考中去重新思考究竟是什么从根本上推动了技术的不断进步：是为了技术而技术的科学求索的精神？抑或是资本为获得超额剩余价值而不得不推进的一个必要的手段？……

我并不认为我为自己所设定的这个目标可以在这三部短小的"趣读马克思"中就可能完成，更何况这三部所涵盖的只是我的"趣读马克思"全部100讲的一半。其中舍弃的部分，并非意味着它们所涉及的主题"无趣"，或者说与今天的我们毫无关系，它们未能进入的原因一方面是怕在主要线索之外产生过多的旁逸斜出，另一方面也不得不说是对这个时代特有的阅读习惯的一次"屈从"。今天的我们，沉浸在诸多"微"文化的氛围之中，"微"博，"微"信，"短（微）"视频等等，以至于我们开始将所有的"厚重"都视为"冗长"，并对于任何形式的冗长畏之如虎。为了避免让我这三部原本表述就并非如其名所示的那么有趣的著作遭遇被判定为"冗长"的命运，我删除了三分一的篇幅，负责这三部著作编审工作的人民出版社的曹歌编辑又快刀斩乱麻地将我不忍去除的部分果断去除，由此形成了摆在读者面前的、这个完成的"短小"（相对我的"冗长"的原始稿）但可能未必"精悍"的趣读马克思三部曲。

曲终，却并非意味着人散，正是借助于"趣读马克思"的这三部曲的写作、初步与交流，我与很多原本素未谋面的人们相识相熟相知。感谢人民出版社给这部小书顺利出版的机会，感谢曹歌编辑在文字删减上的果决与编辑工作中的细致入微。正如我在前两部后记中反复强调的，如果没有曹歌编辑最初的提议，以及随后作为隐形的"他者"的鞭策，我有关于马克思的这一趣读之旅大约只是存活在一个小的微信公众号上，因出属于个人爱好，其最终的命运大概率上就是半途而废。

夏　莹

2025 年 2 月 10 日于双清苑